LE SPINOZISME

DE

MONTESQUIEU

ÉTUDE CRITIQUE

PAR

CH. OUDIN

LICENCIÉ ÈS LETTRES
ANCIEN ÉLÈVE DE LA FACULTÉ DES LETTRES
DE L'UNIVERSITÉ DE PARIS

PARIS

LIBRAIRIE GÉNÉRALE DE DROIT & DE JURISPRUDENCE

Ancienne Librairie Chevalier-Marescq et Cⁱᵉ et ancienne Librairie F. Pichon réunies
F. PICHON ᴇᴛ DURAND-AUZIAS, ᴀᴅᴍɪɴɪꜱᴛʀᴀᴛᴇᴜʀꜱ
Librairie du Conseil d'État et de la Société de Législation comparée
20, RUE SOUFFLOT (5ᵉ ARRᵗ)

1911

LE SPINOZISME

DE

MONTESQUIEU

LE SPINOZISME

DE

MONTESQUIEU

ÉTUDE CRITIQUE

PAR

CH. OUDIN

LICENCIÉ ÈS LETTRES
ANCIEN ÉLÈVE DE LA FACULTÉ DES LETTRES
DE L'UNIVERSITÉ DE PARIS

PARIS

LIBRAIRIE GÉNÉRALE DE DROIT & DE JURISPRUDENCE

Ancienne Librairie Chevalier-Marescq et Cⁱᵉ et ancienne Librairie F. Pichon réunies
F. PICHON et DURAND-AUZIAS, ADMINISTRATEURS
Librairie du Conseil d'Etat et de la Société de Législation comparée
20, RUE SOUFFLOT (5ᵉ ARRᵗ)

—

1911

LA MONARCHIE ET LA LIBERTÉ

D'APRÈS MONTESQUIEU

I

Dans un précédent travail, nous avons essayé de
dégager les parties essentielles de l'*Esprit des Lois* et
de montrer leur enchaînement étroit suivant un plan
d'ensemble nettement tracé. D'après le « dessein »
même de cet ouvrage, il ne semble pas que l'on puisse,
sans dommage, en détacher, comme on le fait trop
souvent, pour les étudier à part, les considérations
politiques qui forment les onze premiers livres. L'objet
principal de l'*Esprit des Lois*, en effet, est moins de
donner le modèle du meilleur gouvernement que de
fonder une méthode générale capable d'aider à créer
et à interpréter le droit en établissant sur des bases
certaines la science juridique jusqu'alors perdue dans
une extrême confusion de principes, aussi bien dans
l'ordre politique que dans l'ordre civil.

La multiplicité des législations en vigueur et leur
diversité, ne le cédaient qu'à la variété des principes
sur lesquels elles s'appuyaient. Le droit coutumier, le

Oudin   1

droit féodal, le droit romain, le droit canon, le droit
issu des ordonnances royales non seulement coexis-
taient, mais encore se superposaient et étendaient sur
les sociétés occidentales un inextricable réseau de lois
souvent contradictoires dans leurs prescriptions et toujours inspirées en tous cas d'un esprit différent parce
qu'aucune des autorités dont elles émanaient n'envisa-
geait le monde et la société avec le même esprit.

S'il s'agissait de l'organisation politique, les théories
les plus diverses étaient mises au service de toutes les
passions, et le goût de l'autorité sans limites comme
celui de la liberté sans frein trouvaient également des
raisons pour justifier leurs appétits.

Pour un étudiant obligé de s'assimiler tant de matières
diverses et incohérentes, pour un magistrat chargé de
comprendre et d'appliquer selon la raison et l'équité
des lois de tout ordre, émanées de sources si différentes,
pour un jurisconsulte soucieux de pénétrer au fond des
choses, combien ne devait pas paraître nécessaire
l'énoncé de principes assez certains pour que l'on pût
résoudre par leur moyen toutes les hésitations et tous
les doutes, et assez généraux cependant pour simplifier
sans la dénaturer la complexité d'un aussi vaste
ensemble.

Depuis Bodin, en passant par le président Fabre,
Grotius, Leibnitz et Domat, les esprits les plus éminents
avaient déjà essayé de mettre de l'ordre dans ce chaos,
et de dégager les principes universels auxquels peuvent

se rattacher les lois positives. Mais aucun d'eux ne réalise aussi complètement ce dessein que Montesquieu Bodin avait bien tenté, il est vrai, dans sa *République* d'envisager la question dans toute son étendue en ne séparant pas l'organisation civile de l'organisation politique ; le droit civil domine trop exclusivement les préoccupations de Domat ou du président Fabre.

Montesquieu, le premier, sut coordonner les éléments de toutes les lois et mettre en lumière l'unité réelle des principes dont elles s'inspirent, en montrant que toutes les lois politiques aussi bien que les lois civiles dépendent des conditions naturelles de la vie sociale.

Ce principe n'était pas nouveau et Domat l'avait déjà exprimé avec force : « La justice universelle de toutes les lois consiste dans leur rapport à l'ordre de la société dont elles sont les règles ».

Cependant, tandis que Domat fonde l'ordre des sociétés sur le plan divin, ce qui exige de son lecteur un acte de foi préalable, Montesquieu s'attaque au corps entier des lois positives et ne veut connaître que la réalité sensible. Dans cette volonté réside toute l'originalité qui a fait le succès de l'*Esprit des Lois*.

Par le fait même de son existence, la société fait partie des phénomènes de l'univers. A ce titre les lois qui la régissent sont de la même nature que les lois de tous les phénomènes : si les lois qui règlent les actions et les réactions de la matière expriment les conditions qu'elle doit réaliser pour conserver sa nature et ses propriétés ; si les lois auxquelles obéissent les êtres vivants ne sont que l'expression des besoins qu'ils doivent satisfaire pour persévérer dans leur être, les lois qui règlent l'organisation sociale et les rapports des hommes entre eux traduiront à n'en pas douter les exigences auxquelles sont liées la prospérité et la durée de la société.

Montesquieu illustre ainsi à sa manière le mot de Leibnitz : *Fiat justitia ne pereat mundus.* Mais si pour Leibnitz les lois maintiennent l'harmonie universelle en rattachant l'humanité à son origine divine, Montesquieu, plus simplement, veut démontrer que pour établir l'universalité et l'unité des principes du droit et dissiper leur regrettable confusion, il suffit de les rapporter à la nature des choses de la vie sociale en tenant toujours compte des circonstances particulières qui obligent la raison humaine à réaliser souvent par des moyens différents l'équilibre et l'harmonie qui sont le but commun de tous les efforts sociaux.

Si l'on peut se tromper en voulant assigner aux lois un fondement théologique et métaphysique parce que l'on raisonne dans ce cas *a priori* et sur des hypothèses incertaines, quoique parfaitement logiques, rien n'est plus facilement contrôlable que les besoins auxquels doit satisfaire toute société humaine par le fait de sa nature même ; rien ne peut tomber plus sûrement sous le sens que les nécessités qui dérivent des conditions d'existence propres à chacune d'elles. L'observation directe et l'histoire nous renseignent largement sur ce dernier point. Par elles, on saisit les influences physiques et économiques, on se rend compte des besoins particuliers, on pénètre les mœurs dont les lois reflètent les habitudes ou les exigences. D'un autre côté, les lois révèlent à qui sait les interpréter bien des états d'esprit et bien des faits dont l'histoire proprement dite n'a point gardé la trace. Aussi Montesquieu n'a jamais mieux défini sa méthode qu'en nous affirmant « qu'il éclaire les lois par l'histoire et l'histoire par les lois ».

Cela est encore plus vrai lorsqu'il s'agit de l'organisation politique des sociétés ; car, dans sa recherche de l'équilibre et de l'harmonie des forces sociales, l'homme n'est pas arrivé du premier coup à la perfection.

Les différentes sortes d'état politique qu'il a mises en pratique ont présenté bien des modalités. Si, on peut ramener la diversité de ces formes à trois grandes espèces : la monarchie, l'aristocratie et la démocratie, il n'en est pas moins évident que chaque peuple, suivant son caractère et suivant les circonstances, en a organisé les rouages à sa façon, ou plutôt, que chaque peuple a réalisé en elles, d'après son caractère particulier, d'après les exigences auxquelles il devait faire face, l'accord stable entre l'individu et le corps social qui est à proprement parler l'objet de toute organisation politique. L'étude, dans l'histoire ancienne et contemporaine, de ces efforts réitérés peut donc révéler au jurisconsulte les différents besoins que toute société doit s'efforcer de satisfaire pour vivre selon l'ordre politique et civil. C'est un enseignement de ce genre que Montesquieu tire de l'analyse des constitutions romaine et anglaise, par exemple, et c'est bien là l'intérêt qu'attachaient aux études de droit comparé nos grands jurisconsultes du XVIᵉ siècle.

Cependant ces études, pour être vraiment fécondes, ne doivent point être faites au hasard et par simple curiosité documentaire ; il ne s'agit point d'analyser successivement des constitutions. Ce travail avait d'ailleurs été fait, et c'est ainsi qu'un contemporain de Montesquieu. Gaspard de Réal de Curban, sénéchal de Forcalquier, entendait la science du gouvernement. Ce qui importe, c'est de pénétrer l'esprit de toutes les organisations politiques et de les rapporter toujours à la nature des choses dont elles dérivent. Par suite, pour les exposer et les apprécier après les avoir connues, il faudra prendre comme guide la nature des choses de la vie sociale, telle qu'elle se révèle à nous, à la fois par sa définition même et par les aspirations des hommes dont les lois nous ont laissé le témoignage.

Or, la vie sociale, considérée dans les éléments qui constituent sa définition même, représente l'union d'individus dans un but d'action commune et de protection mutuelle. Mais, qui dit union en vue d'une action commune pose par là-même une autorité qui maintient l'accord, dirige les efforts de tous et en assure la continuité. En dehors de cette autorité, il n'y a pas de société, il n'y a qu'une collection d'individus qu'un hasard réunit, qu'un autre hasard disperse. La première et la plus impérieuse des exigences de la vie sociale par suite de sa nature même est donc l'établissement d'une autorité qui maintienne l'accord des forces et des volontés particulières. Cette autorité nous l'appelons le gouvernement. En principe, la forme de ce gouvernement importe peu : ici, l'on fait appel à l'autorité d'un seul, là où s'appuie sur la collaboration et la bonne volonté de tous les individus du groupe : ailleurs, ces deux formes extrêmes admettent des tempéraments divers. Mais toujours et partout, le gouvernement, quel qu'il soit, doit répondre à son objet qui est de maintenir l'union du corps social. Pour cela, deux conditions sont nécessaires : il faut tout d'abord que le détail des dispositions organiques que présente chaque forme de gouvernement résulte de sa nature propre, c'est-à-dire du caractère qui détermine sa définition même. Ainsi, par exemple, dans la monarchie, les lois constitutionnelles devront assurer l'exercice du pouvoir unique et sa communication aux divers degrés : dans la démocratie, elles devront organiser, au contraire, la participation de tous au pouvoir en établissant un système d'élection et de représentation appropriée. De cette manière, le fonctionnement normal de l'autorité sera assuré conformément aux exigences propres de chacune des formes qu'elle revêt. C'est le gage principal de l'utilité et de la durée de son action.

Ce n'est pas cependant le seul. L'autorité du gouvernement s'exercera d'une manière stable si tout dans son organisation est disposé de façon à lui fournir précisément les moyens particuliers qu'il réclame ; elle s'exercera d'une manière encore plus sûre et plus durable si les individus qui s'y soumettent ont des sentiments et un esprit conformes à celui du gouvernement qui les régit. En d'autres termes, le gage essentiel de la permanence d'une forme quelconque de gouvernement dépend de la force du principe psychologique qui en assure l'influence et l'autorité sur les masses. Il suit de là qu'un gouvernement une fois établi, par le fait même de son existence et par la nécessité où il se trouve de persévérer dans son être, organise d'une part ses lois constitutionnelles de telle sorte qu'il puisse développer harmonieusement par leur moyen toutes les puissances de sa nature, et qu'il s'efforce d'autre part de modeler l'organisation sociale de manière à assurer sans peine chez tous les individus du groupe les sentiments capables de maintenir toujours vivant le principe dont il tire sa force. Ainsi, avant toutes choses, et parce que l'autorité nécessaire pour maintenir l'union et la cohésion du corps social revêt diverses formes qui ont chacune leur manière d'être et leurs principes particuliers, les rapports des individus entre eux et des individus avec l'État se trouvent déjà déter-

minés dans un certain sens dont il est nécessaire de
tenir compte.

C'est pourquoi, avant d'étudier les diverses espèces
de lois qui règlent les rapports individuels, il faut de
toute nécessité bien connaître les formes que peut
revêtir l'autorité organisatrice de la société, ainsi que
les conditions les plus favorables à son établissement,
à son exercice et à son influence. L'étude des lois de
l'organisation politique des sociétés, dès lors que l'on
ne veut s'en tenir qu'à la réalité des faits, doit donc
dominer celle de toutes les autres lois.

C'est ce que l'on n'avait pas aperçu ou ce que l'on
n'avait entrevu que confusément avant Montesquieu, et
c'est pourquoi son ouvrage, qui ne néglige aucun des
rapports sociaux qui sont appelés à régler les lois, est
par certains côtés un ouvrage de politique. Avant lui,
le domaine des lois politiques et celui des lois civiles
étaient complètement séparés : ces deux ordres de lois
puisaient leurs principes à deux sources différentes et
formaient l'objet de deux sciences distinctes. Aussi,
après lui, il n'est plus permis de négliger le facteur
politique dans l'étude des lois civiles, et c'est là une
des nouveautés les plus originales de l'*Esprit des
Lois.*

Ce n'est pas la seule, et nous avons montré tout l'intérêt que fait prendre la science juridique à l'exposé
des relations que les lois d'un peuple ont avec la nature
des conditions physiques, morales et économiques dans

lesquelles il peut se trouver. De même, Montesquieu a mis le premier en lumière « la dépendance » des lois vis-à-vis les unes des autres, de sorte que les lois présentes tiennent toujours par certains côtés à des lois plus anciennes qu'elles élargissent ou qu'elles restreignent, qu'elles remplacent ou dont elles réparent les omissions.

Ainsi s'introduit dans la science du droit, jusqu'alors toute subjective et fondée tantôt sur les exemples de la divinité, tantôt sur l'idée morale de l'équité, une méthode objective certaine fondée sur l'analyse des faits sociaux et sur l'étude de l'histoire. Dans ce vaste ensemble, l'étude des phénomènes politiques tient une très grande place, et cette place est justifiée non seulement par l'importance de l'organisation politique dans la vie sociale, mais encore par les problèmes fondamentaux qui se posent à leur occasion.

Si l'on va en effet au fond des choses, le problème de l'organisation politique soulève le problème de la liberté du citoyen.

Il ne faut pas oublier en effet que l'autorité du gouvernement s'exerce sur des individus, et que si la société qu'ils forment veut durer, ils ont eux-mêmes l'appétit de persévérer dans leur être et d'être lésés le moins possible dans leurs intérêts particuliers par l'organisme collectif. Si le fait de vivre en société leur crée des devoirs, la nécessité de satisfaire aux exigences de leurs besoins personnels leur donne des droits que l'Etat ne peut manquer de prendre en considération et qu'ils doivent pouvoir veiller sans cesse à ne pas laisser entamer.

Or, la conception de la liberté politique et des droits individuels dépend essentiellement de l'idée que l'on se fait de la loi et du droit naturel.

L'étude attentive de l'*Esprit des Lois* nous conduit donc à des spéculations philosophiques qui semblent dépasser son objet, spécialement juridique, ou ses préoccupations pratiques, mais qui cependant ne leur sont pas contraires.

Ces questions, Montesquieu ne les traite pas dans l'*Esprit des Lois* d'une manière expresse, car elles n'entrent pas dans le cadre qu'il s'est tracé et que nous avons dû suivre pas à pas dans notre précédent travail. Cependant, elles sont essentielles pour bien comprendre la pensée de Montesquieu et déterminer les principes directeurs sur lesquels il s'appuie.

C'est ce complément indispensable que nous allons tenter de donner dans les pages qui vont suivre.

II

Si l'on constate ce premier fait d'expérience que les lois sont les règles établies par la raison humaine pour ordonner les rapports des hommes entre eux de manière à maintenir les conditions les plus favorables à la continuité et à la prospérité de leurs sociétés, le seul moyen de déterminer l'« esprit » des lois est de commencer par examiner ces rapports tels que les constitue la nature des choses de la vie sociale.

Mais que faut-il entendre par vie sociale, vie des hommes en société ou plus simplement société tout court ?

Certains philosophes, par excès de scrupule, ne veulent considérer que ce qui tombe matériellement sous le sens. Dans ces conditions, l'individu seul existe pour eux ; et la société leur paraît une construction abstraite, sans réalité objective dont il ne faut pas tenir compte dans une discussion sérieuse.

Montesquieu n'est pas de ceux-là. Pour lui, la société est un fait concret dont on peut fort bien contrôler la réalité vivante. En effet, entre une collection quelconque d'individus et les mêmes individus groupés de manière à former une société, il se rencontre une différence essentielle. Dans la collection d'individus, chaque unité reste parfaitement indépendante de toutes les autres. Cette collection d'individus ne forme une société que du jour où la réciprocité des services établit entre tous les membres du groupe un état de dépendance tel que chacun d'eux, non seulement se sente solidaire de son voisin, mais encore se rende compte de la nécessité de maintenir cette dépendance par un organisme qui coordonne toutes les volontés particulières, qui en régularise l'exercice et qui leur fixe des limites.

Cet organisme c'est le gouvernement ou ce que Montesquieu appelle l'État politique.

Il convient par conséquent d'étudier en premier lieu le gouvernement qui donne à la société sa forme concrète et tangible et qui crée le premier fait social sensible.

Alors on s'aperçoit que si l'objet particulier du gouvernement est toujours d'établir l'unité du corps social et la cohésion de toutes ses parties, sa forme est loin d'être toujours identique : ici l'on fait appel à l'autorité d'un seul ; là on s'appuie sur la bonne volonté de tous ; ailleurs ces deux formes extrêmes admettent des tempéraments divers. Par définition, chacune de ces formes de gouvernement reconnue par l'expérience humaine : despotisme ou république — monarchie ou

aristocratie — ou toute autre dont on pourra constater
l'existence se trouve avoir une nature particulière bien
précise à propos de laquelle il ne peut y avoir d'équivoque. Rien de plus réel que ces formes. « Supposons
trois définitions ou plutôt trois faits » dit Montesquieu
au moment où il va les étudier. Cette parole est carac-
téristique, et c'est sur elle que repose toute l'argumentation politique de notre auteur. Il ne construit pas des
constitutions ; il analyse d'après les données de l'expérience humaine celles qui ont existé jusqu'à lui. Il
s'efforce d'en reconnaître la nature particulière et il
les classe d'après cette nature sous l'une des trois
rubriques auxquelles toutes leurs variétés peuvent se
ramener. Cela fait, il recherche l'influence que cette
nature particulière peut avoir sur les différents rouages
dont chaque gouvernement a besoin pour assurer à la
fois son fonctionnement et sa durée. Il met ainsi en
lumière les besoins auxquels répondent les lois constitutionnelles au point de vue de l'application du principe d'autorité.

Voici donc la machine pourvue de ses organes et
prête à fonctionner. A quelle force empruntera-t-elle
son activité motrice?

Ici intervient ce que Montesquieu appelle le principe
de chaque gouvernement; c'est-à-dire l'idée supérieure
qui maintient et dirige son activité en donnant à la
masse confuse des citoyens une manière de penser
commune et une raison commune d'agir.

La connaissance de ces principes divers, l'étude des conséquences qu'engendre leur corruption, nous rendront compte aisément d'une multitude de lois difficilement catalogables et appartenant tantôt au droit public comme les lois de l'éducation ou celles qui règlent la part que doivent prendre les citoyens aux fonctions publiques, tantôt au droit civil comme les lois qui déterminent les statuts personnels ou mobilier, tantôt enfin au droit pénal comme celles qui veillent à la sûreté de l'État.

Quelle que soit leur origine, ces lois pourraient bien plus justement être appelées lois d'organisation sociale, parce qu'elles tendent toutes à façonner l'esprit des individus de telle manière que suivant eux-mêmes, comme par une pente naturelle, l'ordre établi dans le groupe, ils en conservent sans effort l'harmonie et en perpétuent l'équilibre.

Quand nous aurons reconnu maintenant les rapports que ce groupe humain, rendu par ces moyens fortement homogène, peut avoir avec les groupes voisins, soit qu'il éprouve le besoin de se défendre contre leurs dangereuses aggressions, soit qu'il se trouve dans la nécessité vitale de s'agrandir à leurs dépens; quand nous aurons remarqué que la nature particulière de chaque gouvernement et des différents principes qui animent chacun d'eux exige une manière spéciale d'agir, nous pourrons établir le droit des gens sur des

principes certains, exactement appropriés aux faits de
la vie réelle.

Ces principes fondés sur l'intérêt et la lutte ne seront
peut-être pas toujours aussi nobles que le voudrait la
morale philosophique. Cependant, comme l'intérêt de
l'humanité est d'assurer et de conserver la vie avant
toutes choses, on peut être certain que la modération
prévaudra toujours, par intérêt sinon par vertu. C'est
en particulier sur cette considération que Montesquieu
s'appuie pour exposer les conditions dans lesquelles
doit s'exercer le droit de conquête. Il refait ainsi, à sa
façon, le traité de la guerre et de la paix de Grotius
qui, en établissant son argumentation sur les données
de la conscience morale, laissait bien souvent les faits
déborder ses principes.

Cette étude préliminaire achevée, l'on possède une
claire notion du premier des besoins essentiels, innés
pourrait-on dire, de la société : le besoin que les
individus ont de se grouper sous une autorité, de la
soutenir et de se conserver eux-mêmes en la défendant contre toute corruption à l'intérieur, contre toute
attaque au dehors et en général contre toute diminution de force ou de puissance. En même temps, l'on a
vu à quelles conséquences entraîne la satisfaction de
ce besoin, soit dans l'élaboration des lois constitutionnelles, soit dans le droit public, le droit privé ou le
droit des gens.

Cependant, si la société est par essence une collectivité organisée, il n'en est pas moins vrai que l'individu en est le substratum. De même que la collectivité a ses besoins, de même l'individu a les siens. Leur satisfaction est essentielle à sa nature et c'est en la réalisant qu'il peut seulement espérer vivre. Dans l'état actuel des sociétés humaines la condition primordiale d'où découle toute la vie de chaque individu est qu'il puisse posséder en toute liberté le minimum de ce qui est nécessaire à l'entretien de son existence. On pourrait concevoir un état social dans lequel le soin de pourvoir à la vie de chacun serait abandonné à la collectivité. C'est ce qui se passe dans les sociétés des insectes. Mais cet état social après avoir été réalisé dans quelques sociétés humaines primitives a été abandonné dès que les hommes parvinrent à une conscience plus précise d'eux-mêmes et de leurs facultés propres. Il en résulte que l'on trouve à la base de toutes les sociétés civilisées, comme le fondement inébranlable sur lequel tout repose, le principe de la propriété individuelle. Pourquoi en fut-il ainsi? Montesquieu n'avait pas à le rechercher. Il constate simplement les faits sociaux et en étudie les conséquences. La propriété individuelle est un de ces faits et il est facile de voir que dans l'état de nos sociétés c'est sur elle que repose toute l'existence des individus. C'est ce que Montesquieu résume d'une manière saisissante en disant que la propriété est « mère de tout ». Il faut donc, jusqu'à nouvel ordre et tant que l'on n'aura pas modifié les

conditions de la vie collective comme de la vie individuelle, que cette propriété soit absolument garantie à
l'individu par les lois même qui établissent son association avec ses semblables. L'homme social que nous
connaissons, en effet, « n'agit avec décision, avec force,
avec suite que s'il se sait garanti dans la libre disposition de son corps comme dans le libre usage de ses
biens » (1).

Ces besoins innés de l'individu viennent donc s'ajouter
aux besoins particuliers de la collectivité pour arrêter
chez cette dernière toute tentative d'empiètements et
d'abus. Ici, comme dans la nature entière, comme dans
l'organisation même des pouvoirs publics, des forces
antagonistes se contrarient pour finir par s'équilibrer
et s'harmoniser.

Ainsi les lois constitutionnelles devront non seulement tenir compte de la nécessité de fonder solidement
l'autorité, tout en répondant aux exigences de la
nature de chaque gouvernement, mais encore elles
seront obligées de garantir aux individus un minimum
de sécurité au regard des appétits de la collectivité.
Ces appétits se satisfaisant par l'intermédiaire du
souverain quel qu'il soit, peuple ou monarque, déposi-
taire de l'autorité, c'est contre les abus de cette autorité
que les lois constitutionnelles devront défendre le
citoyen en lui accordant la liberté politique, c'est-à-

1. Boutmy, *Psychologie du peuple anglais.*

dire le droit de contrôler les actes du gouvernement pour en arrêter l'arbitraire.

Comme exemple du point extrême où ces garanties pourraient être poussées, dans un pays dont l'organisation a pour objet direct la constitution de la liberté politique, Montesquieu analyse avec soin la constitution de l'Angleterre et celle de la Rome républicaine dans lesquelles, quoique réalisée par des moyens différents, la séparation des pouvoirs sut mettre des bornes efficaces à l'arbitraire des gouvernements.

Pareillement, s'il s'agit de la personne même des citoyens, les lois pénales, tout en veillant à la sûreté collective, auront soin de ne pas livrer l'individu sans défense aux vengeances publiques ou privées. Est-il reconnu coupable, les peines, loin de fonder leur sévérité sur l'opinion que l'on peut avoir du dommage causé à la société, devront uniquement tenir compte de la réalité tangible des conséquences du crime ou du délit. Par suite tout procès de tendance engagé pour des paroles ou des pensées ne saurait être légitimement soutenu dans un État soucieux de ménager la liberté de ses citoyens.

Le droit public enfin se trouve aussi directement intéressé par ces vues nouvelles sur les rapports qu'ont entre eux les éléments primitifs de la société. Il ne suffit pas en effet que l'individu soit assuré que le gouvernement n'abusera pas de son autorité en établissant contre lui des lois arbitraires, ou ne mettra pas sa force au service de ses rancunes ou de celles de ses amis, soit en l'emprisonnant sans jugement, soit en le condamnant à des peines hors de proportion avec sa faute : il faut encore que cette libre disposition de sa personne et de ses biens ne lui soit point retirée par des moyens détournés, et qu'en particulier, accablé sous le poids de l'impôt, il ne perde pas, en perdant le fruit de son travail, tous les bienfaits que la liberté politique et une exacte distribution de la justice lui avaient conservés. Il est donc nécessaire que les lois organisent l'assiette et la perception de l'impôt de manière à léser le moins possible l'individu dans la libre disposition de ses biens, tout en satisfaisant aux besoins naturels du corps social.

On voit par cet exposé rapide, exposé des treize premiers livres, avec quelle sûreté et quelle nouveauté de méthode Montesquieu poursuit son analyse.

Cependant il n'a encore fait que reconnaître l'horizon social et les deux principaux sommets qui le bornent : la collectivité, l'individu. Mais il y a bien d'autres aspects à examiner. La société prise en elle-même doit satisfaire à des besoins essentiels qui dépendent des éléments de sa nature et qui sont simples. Mais cette simplicité n'est qu'apparente. Des éléments nouveaux interviennent pour diversifier cet état schématique au point même d'y introduire parfois des traits contradictoires.

Ces éléments nouveaux ce sont ceux qui dérivent des

aspirations particulières des hommes influencés dans leur caractère par le milieu physique et moral dans lequel ils vivent.

La nature du climat, celle du sol sont les causes principales de ces spécifications.

« Ces forces naturelles qui façonnent un peuple, dit « M. Boutmy (1), sont celles qui ont le plus de poids et « d'efficacité... leur influence est aussi ancienne que « l'homme ; on ne peut, en remontant les siècles, « découvrir une période où elles n'aient pas existé: « elles n'ont pas varié notablement, et si un change- « ment s'est fait, c'est dans l'homme, qui est devenu « sensible à une infinité d'autres causes. Au commen- « cement, elles agissaient presque seules sur un être « souple et neuf aux impressions ; elles ont produit « alors des effets que nous jugeons invraisemblables. » Ce sont elles dit-il encore, qui ont produit la race « à « une époque où les premières idées et les premiers « sentiments d'un peuple ne s'étaient pas encore fixés « et extériorisés dans aucun monument digne de « mémoire. Ces monuments, coutumes, lois gravées « sur la pierre, rites religieux, poèmes épiques, ont « même été en premier lieu les produits du milieu « physique et ce n'est qu'à la longue, qu'ayant acquis « une consistance et une vie propres, ils sont devenus « capables d'engendrer eux-mêmes des impressions et

1. *Psychologie du peuple anglais*, I, 1.

« d'intercepter les effets des grandes causes naturelles ». Alors il s'est formé un milieu moral, un esprit général et des mœurs, comme dit Montesquieu, dont il convient d'apprécier les manifestations dans le sens où elles pourraient modifier l'organisation de la vie sociale prise *in abstracto*.

C'est pourquoi, au moyen de ces considérations sur le milieu physique, qui influe par le climat sur la sensibilité et par suite sur la volonté (sensation, perception et imagination) et par la nature du terrain sur la nature des besoins physiques et des conditions d'existence, Montesquieu corrige ce qu'il peut y avoir de trop absolu et de trop général dans le mécanisme politique qu'il vient d'analyser.

Pour bien comprendre sa pensée, il ne faut pas isoler les treize premiers livres des six livres suivants destinés à atténuer ce qu'ils peuvent avoir de trop théorique, en pénétrant un peu plus avant dans la réalité vivante. Mais d'autre part, ces six livres ne prennent toute leur valeur que par rapport aux précédents. Le climat, le terrain, l'esprit général et les mœurs ne sont pas tout comme on a voulu prétendre que le soutenait Montesquieu. Ce sont seulement des facteurs qui diversifient l'aspect de la vie sociale toujours identique à elle-même dans ses grandes lignes. Comme le remarque M. Boutmy, ils agissent surtout au début de la formation des peuples. Leur influence se fait sentir aujourd'hui encore. Mais on peut concevoir un avenir où par l'effet de l'effort humain pour approprier la nature et grâce à la rapidité de plus en plus grande des communications, les conditions de vie s'étant unifiées par tout le globe; l'homme n'aura plus à se préoccuper que de réaliser le plus pleinement possible l'organisme de la société abstraite et idéale. Il se peut que nous soyons entraînés vers cet état nouveau d'humanité. Cependant, comme nous sommes loin d'en être encore là, même aujourd'hui, Montesquieu a eu raison d'insister sur ces causes secondes et de déterminer, par rapport aux nécessités générales de toute vie sociale, dans quelle mesure leur influence se fait sentir sur la vie civile et les mœurs qui en dépendent immédiatement et même sur les lois politiques qui peuvent, au premier abord, y paraître soustraites.

C'est donc parce que, à ses yeux, le climat est le facteur le plus important dans la constitution de l'énergie individuelle que Montesquieu aborde en premier lieu l'étude de son influence sur l'organisation sociale. En sollicitant ou en déprimant la tendance à une activité forte, décisive et suivie, le climat développe le goût de la liberté ou l'indifférence pour la servitude. La cause première de la servitude paraît être, en effet, un manque d'énergie pour une action consciente et réfléchie, une indifférence d'esprit qui va jusqu'à l'oubli de la personnalité et à l'abandon de soi-même. Or les climats trop chauds anéantissent la volonté et laissent à peine à l'individu les forces nécessaires pour subvenir à ses besoins de chaque jour. La vie est d'ailleurs facile dans ces régions et les besoins y sont réduits au strict minimum. Trouvant toujours de quoi se suffire, les hommes n'ont guère le sentiment de la propriété et l'effort ne seren contrant que rarement; ils n'ont pas davantage le sentiment de la valeur individuelle.

Or, si les hommes sont amoureux de la liberté c'est précisément parce qu'ils sentent en eux une force capable de les distinguer de leur voisin et qui donne à chacun d'eux une valeur propre; c'est aussi parce qu'ils désirent se voir assurée la propriété de ce qu'ils ont si chèrement acquis.

Dans les climats plus rigoureux, au contraire, et même dans les climats tempérés, la nature moins libérale exige de l'homme plus d'efforts. Il a la sensation aiguë d'être toujours en lutte soit qu'il demande sa nourriture à la chasse, soit qu'il l'emprunte à l'agriculture. Aussi arrive-t-il, déjà par cette seule influence du climat à éprouver plus vivement que nulle part ailleurs le besoin de la liberté qui satisfait à la fois ses intérêts et son orgueil. D'autres causes s'ajouteront à celles-là pour rendre plus impérieuse encore la satisfaction de ce besoin. Montesquieu les étudiera par la suite. Pour le moment il se borne à indiquer les influences opposées de climats opposés et comme les peuples de l'Europe ont plus facilement la notion de la liberté, c'est à la servitude qu'il s'attache de préférence : la servitude politique avec ses deux corollaires l'esclavage civil et l'esclavage domestique représenté par la polygamie dont les conséquences se font si vivement sentir sur le statut personnel des femmes.

Montesquieu consacre deux livres à l'étude de ces deux formes extrêmes de servitude extrême. On pourrait s'en étonner si l'on ne songeait que l'esclavage était la plaie de tout l'Orient et des colonies européennes dans les Indes; que les Européens eux-mêmes y étaient exposés fréquemment de la part des Musulmans et que certains esprits enfin, dont l'économiste Melon, suivi par Fréron et plus tard par Linguet — ce qui indique un courant d'opinion assez général — soutenaient sérieusement non seulement l'utilité, mais encore la légitimité de l'esclavage dans les nations modernes.

D'autre part, cette exception si frappante aux résultats de l'analyse préliminaire des besoins innés et essentiels de la vie sociale, méritait d'être expliquée afin que l'on perçut bien qu'il n'y avait pas contradiction essentielle entre les deux ordres de phénomènes, mais bien plutôt modification de la règle générale sur un point particulier, par l'effet de causes spéciales.

De son côté, la nature du terrain, par la nature des subsistances qu'elle peut fournir, détermine une certaine direction de l'activité, développe certaines facultés aux dépens des autres et impose en conséquence au droit civil, au droit politique et au droit des gens des pratiques que ni l'équité, ni la raison pure ne

sauraient expliquer et dont il faut cependant que le
jurisconsulte sache la véritable cause pour ne pas être
exposé à des généralisations hâtives.

Quant à l'esprit général et aux mœurs, c'est le
résultat de toutes les causes secondes qui contribuent
à former le caractère de chaque groupe particulier
d'humanité. C'est en lui et en eux que se manifestent
les tendances propres de la race, le point de vue
auquel elle se place pour envisager la vie sociale, le
sens général de l'activité qui répond à sa nature. Le
caractère des lois doit leur être exactement subor-
donné.

De même qu'un médecin ordonne à ses malades le
remède spécifique de leur affection en ayant soin de
l'approprier à leur tempérament particulier pour qu'il
produise son maximum d'effet ou du moins ne soit pas
nuisible ; de même, le législateur doit donner, par la
force des choses, à chaque peuple non seulement les
lois qui conviennent aux besoins généraux de toute
société, mais encore celles qui concordent le mieux
avec le caractère propre de la race.

Pour obtenir ce résultat, il tire parti plus ou moins
inconsciemment des éléments psychologiques qui forment ce caractère ; il s'appuie sur la force de l'opinion qui en est la résultante, tâte ses résistances, suit
ses penchants, utilise l'humeur sociale, la vanité,
l'orgueil ; traite le peuple en un mot comme une personne et se guide toujours sur les pulsations de ses

artères. Toute loi, politique ou civile, porte l'empreinte
de ce travail et c'est l'évolution des mœurs qui dirige
l'évolution de la législation. Contre cela le législateur
ne peut rien ou fort peu de chose. Il subit bien plutôt
qu'il ne dirige.

Cependant il arrive que lorsque les lois sont ainsi
appropriées aux mœurs et conformes à l'esprit général,
elles agissent à leur tour sur ces mœurs et sur cet
esprit général en précisant les tendances de l'un, en
développant tout ce qui peut être contenu dans les
autres. C'est alors que Montesquieu analyse avec une
finesse pleine de profondeur les effets de la constitution anglaise sur le milieu humain qui l'a élaborée de
sa propre substance. Il montre, par les facilités qu'elle
donnait tant à l'intérieur qu'à l'extérieur, comment
elle contribue à développer tout ce qu'il y a dans ce
peuple d'énergie et de besoin d'agir, comment elle
accentue son être moral et intellectuel pour le parti-
culariser et lui donner la forme la plus parfaite qui
soit compatible avec sa nature (*E. L.*; XIX, 27).

Toute cette partie de l'*Esprit des Lois* est à retenir
car en appelant l'attention sur l'élément psychologique
qui entre dans la vie des peuples, Montesquieu donne
à la science du droit un précieux instrument d'investi-
gation et une nouvelle garantie de certitude.

Mais l'analyse est loin d'être encore terminée. Nous
venons de voir quels besoins, quels désirs peuvent

susciter les nécessités de la vie en société jointes aux tendances particulières des individus.

Si ces désirs, si ce besoin d'ordre ont tant de puissance sur toutes les parties du droit, que ne doit point être la part des intérêts matériels grâce à la satisfaction desquels les peuples s'enrichissent et prospèrent? Au moment où écrivait Montesquieu, le développement du commerce et de l'industrie, la concurrence que commençaient à se faire les nations occidentales avaient déjà depuis quelque temps attiré l'attention des gouvernements sur les lois économiques et sur leurs rapports avec le droit et la politique.

De peu d'importance chez les peuples primitifs vivant de la pêche, de la chasse ou de la culture sur un territoire peu étendu, elles deviennent dans les Etats civilisés le fond même de toute la vie sociale : ou plutôt, la complexité qu'elles revêtent paraît leur attribuer plus de force qu'autrefois. En réalité elles doivent avoir toujours eu une importance considérable. Si aujourd'hui en s'appuyant sur elles, les socialistes prétendent modifier non seulement les gouvernements, mais encore les statuts personnels et mobiliers et modifier toutes les règles anciennes du droit public et privé, Montesquieu n'a-t-il pas raison de montrer l'influence qu'elles ont pu avoir sur les lois politiques et civiles d'un peuple en train de s'organiser soit qu'il s'adonne à la chasse, soit qu'il se consacre à l'agriculture, soit enfin que faisant le commerce il use de la monnaie ?

Mais à côté de la question purement matérielle, à côté de la trace sensible que laissent dans les lois d'un peuple les rapports économiques même les plus rudimentaires, la vie économique soulève un problème moral que l'on résout différemment suivant la fin que l'on assigne aux efforts de l'homme. La richesse signe du travail et de la prospérité doit-elle être recherchée pour elle-même? N'engendre-t-elle pas la dureté et l'égoïsme qui sont des vices anti-sociaux puisque par définition la société est fondée sur l'accord des forces et des volontés particulières? Est-il juste de s'enrichir indéfiniment dans le seul but d'augmenter la somme de ses jouissances personnelles? La philosophie antique, par la bouche de Plat n et des Stoïciens avait répondu non. Le christianisme à son tour, en substituant « au désir de bien vivre, le souci de bien mourir » n'avait fait que développer ces préceptes de morale ascétique qui condamnaient toutes les préoccupations économiques.

Montesquieu qui se place toujours au centre de la réalité des choses n'avait pas à traiter cette question de principe. Il ne pouvait que reconnaître, d'accord avec le droit romain et sa propre conception des lois fondée sur la nécessité pour tout être créé de se perpétuer en satisfaisant à ses besoins essentiels, la légitimité des efforts que font les particuliers pour s'enrichir par l'industrie et le commerce.

S'il proscrit le luxe et recommande la frugalité, c'est au nom de l'intérêt général et dans certaines formes seulement de société comme la démocratie, telle d'ailleurs qu'il la conçoit d'après les seuls exemples qu'il en avait sous les yeux dans les républiques antiques. Dans cette forme d'État, en effet, le souci de la collectivité l'emporte par définition sur l'intérêt particulier. Ailleurs, au contraire, Montesquieu marque bien tout le prix qu'il faut attacher dans les sociétés modernes à l'effort économique lorsqu'il loue la monarchie française de permettre à la bourgeoisie commerçante dont la richesse acquise a prouvé l'énergie et la valeur sociale, de pénétrer, par le seul fait de cette richesse, dans la classe des nobles.

Tous ces efforts, en effet, ont leur raison d'être dans les besoins de la société et les exigences du bien public, au même titre que les satisfactions d'ordre moral données aux aspirations légitimes de l'individu au regard de l'État. Il est nécessaire de les encourager, de les faciliter, de les diriger dans le sens de l'utilité la plus grande et c'est ainsi que les exigences économiques sont réflétées nécessairement dans les lois politiques ou civiles.

L'industrie était encore fort peu développée au temps de Montesquieu. C'est la trace des préoccupations commerciales et financières qu'il s'efforce surtout de reconnaître dans le droit public par l'organisation des banques, des compagnies commerciales, des douanes, et par la réglementation de la circulation monétaire ; dans le droit privé par la législation concernant les créanciers et le prêt à intérêt. Une histoire abrégée du commerce complète cet exposé de principes. Montesquieu y détermine dans leurs grandes lignes les routes commerciales suivies par l'humanité. Il insiste sur les modifications qu'y apporta la découverte du nouveau monde et sur l'orientation politique nouvelle que peut donner aux nations occidentales l'essor de la colonisation qui va développer dans le droit des gens des principes nouveaux.

Enfin, comme la mise en valeur du sol aussi bien que le commerce et les arts (entendez l'industrie) a besoin de bras pour prospérer, il n'est pas douteux que les lois politiques et civiles ne répondent par certains côtés à la satisfaction de ce besoin. Montesquieu est donc ainsi amené à traiter la question de la population et il le fait en étudiant sous ce point de vue le mariage qui organise et réglemente la propagation de l'espèce dans une société policée. Il détermine son but, expose ses conditions et analyse les mesures de droit politique et de droit civil que les hommes ont pu instituer pour lui permettre de produire tous ses effets.

Tels sont dans leur ordre logique, qui est en même temps celui qu'à suivi Montesquieu, tous les éléments qui peuvent déterminer la nature des lois et influencer leur esprit.

Cependant, poussé au milieu de cette épaisse futaie, voici un arbre étrange qui ne ressemble pas à ses voisins et qui paraît puiser dans un sol différent une sève particulière. Il se dresse drue fort et menace d'étouffer le reste de la forêt sous ses ramifications puissantes. Cet arbre c'est celui que pousse la religion. Il se dresse isolé et dépaysé sur un sol qui n'est pas fait pour lui. Mais le forestier doit en tenir compte : il faut qu'il en reconnaisse la nature, qu'il cherche à concilier son existence avec celle de tous les autres arbres et qu'il détermine quelles modifications son voisinage peut apporter à ceux qui poussent sous son ombre.

Qu'on nous pardonne cette comparaison ! Mais Montesquieu, qui ne détestait pas les images, nous concéderait celle-ci qui répond assez bien à l'idée qu'il se fait de la religion.

Dans la religion, en effet, Montesquieu voit moins l'esprit religieux et les croyances que la forme politique qu'elle a revêtu dans les États modernes sous l'influence de l'Église chrétienne.

L'Esprit religieux a son rôle dans la constitution du caractère et dans la direction des tendances des masses humaines ; il influe sur la race et les mœurs et à ce titre, il est un facteur social, puissant et d'autant plus fort qu'il s'appuie sur les sentiments les plus intimes de l'homme. Montesquieu le reconnaît sans cependant y insister comme l'importance du sujet le mériterait. C'est une lacune qu'il faut regretter, mais que l'on peut expliquer par ce fait que le rôle politique joué par l'Eglise dans les sociétés occidentales, avait confisqué à son profit les effets naturels de l'esprit religieux. C'est sur ce rôle que s'étend Montesquieu parce que d'abord c'est un fait bien nettement défini et ensuite parce que ses conséquences ont eu les résultats les plus graves pour les lois positives. Le rôle politique de la religion, représentée par la constitution des Eglises, légiférant dans les sociétés humaines au nom de principes qui regardent la vie éternelle, paraît en effet à Montesquieu une véritable anomalie, une source de confusion et de désordres sans nombre. Cependant, comme le fait existe, il faut que le jurisconsulte s'en occupe et que le législateur tâche de s'accommoder le mieux possible de ces éléments adventices pour en tirer le meilleur parti social.

Montesquieu insiste donc avec force sur ce point. Il montre comment toutes les religions et en partie la religion chrétienne influent sur les mœurs et sur l'état politique. Dans le premier cas, elles habituent l'individu à l'humilité; dans le second elles le forment à l'obéissance. C'est un bien qui est un mal selon le point de vue auquel on se place.

Il cherche dans quelle mesure leurs principes sont utiles ou nuisibles au développement normal

de la vie sociale, et comment les lois religieuses et les
lois positives peuvent se combiner pour le bien général.
En terminant, il pose ces deux règles fondamentales,
à savoir que c'est moins la vérité des dogmes qui
importe que leurs conséquences sociales et que les
religions doivent toujours respecter les distinctions
sociales et les besoins sociaux.

Il suit de là que la société a le droit de se protéger
contre les lois religieuses lorsque les Eglises qui les
édictent établissent des pratiques capables de porter
atteinte aux conditions essentielles de son existence.
Parmi ces pratiques, Montesquieu range par exemple
le droit d'asile qui bat en brèche le droit de contrôle
que la société doit avoir sur tous ses membres ; — la
vie et les vœux monastiques qui séparent de la vie
commune des citoyens dont l'activité productrice serait
utile à la masse ; — l'accumulation de richesses qui
sont distraites de la circulation ; — la levée de tributs
qui s'ajoutent à ceux que la collectivité réclame déjà
du citoyen ; — enfin la réunion du pontificat spirituel
avec l'autorité du gouvernement civil ce qui conduit à
détruire la liberté de penser, la plus importante et la
plus intangible de toutes.

Ce droit de défense, la société le possède d'autant
plus légitimement que l'adversaire est plus puissant et
mieux armé. Rien n'égale en effet la puissance de séduc-
tion des Eglises et les artifices de sentiment ou de raison
dont elles savent user pour attacher etre tenir les âmes.

En principe, la religion doit être indifférente à la vie sociale, car elle est par elle-même du domaine individuel, et l'État ne saurait intervenir soit pour obliger les citoyens à changer de religion, soit pour imposer la pratique exclusive d'un culte au moyen de lois pénales. La société, en définitive, tolérera donc toutes les religions à la condition qu'elles n'entravent pas la réalisation des fins qui lui sont propres et elle veillera dans l'intérêt du bon ordre à ce qu'elles se tolèrent entre elles.

Ces opinions sont fort hardies pour l'époque et, débarrassées par l'analyse des formes dont Montesquieu les entoure, elles peuvent paraître brutales, mais, après tout ce qu'on vient de lire, on se rend aisément compte qu'elles tiennent étroitement au système tout entier de Montesquieu. Si les lois en effet n'ont d'autre objet que d'assurer le développement de la société conformément aux besoins de sa nature, il est évident que le rôle social des lois de la religion doit être fort atténué, car ces lois s'inspirent d'un idéal de vie contraire à celui qui se manifeste par l'expérience comme étant la fin ordinaire des sociétés humaines. Qu'il y ait des sociétés où tout soit organisé en fonction des lois divines, Montesquieu ne le nie pas, mais ce qu'il affirme, c'est que ces lois ne sauraient avoir dans les états actuels une valeur prédominante. Quant au mélange des deux tendances, il ne peut, à son sens, qu'être préjudiciable à l'élaboration claire du droit politique et du droit civil. Il faut donc dégager les lois politiques de ce qu'elles doivent aux principes de la religion considérée comme force sociale, afin d'éviter la confusion de deux ordres de choses bien distincts.

C'est d'ailleurs à ce conseil général qu'aboutit, dans le livre XXVI, le travail méthodique d'analyse dans lequel nous venons de suivre Montesquieu. Aussi, le livre XXVI nous paraît-il être le pivot de tout l'ouvrage. Montesquieu, comme beaucoup de ses contemporains, souffrait de la confusion de principes qui troublait la science du droit ; pour la dissiper il a entrepris, avec ordre et méthode, une exploration à travers les éléments constitutifs de la société afin de reconnaître à quels besoins répondent les lois qui l'organisent et déblayer le sol juridique des broussailles enchevêtrées qui l'encombraient : floraisons trop luxuriantes du droit religieux et du droit naturel ; rameaux gourmands issus du jardin voisin, tels que ceux qu'avait poussés le droit romain au milieu de notre droit politique et civil original.

On voit dans le livre XXVI, la différence qu'il faut faire avant toutes choses, entre les lois divines et les lois humaines, puis celle qu'il faut établir entre les principes de la loi civile et ceux de la loi naturelle ou de la loi de la religion. Ces réflexions permettent à Montesquieu de redresser quelques erreurs communes aux jurisconsultes de son temps qui, sous l'influence du droit canonique ou du droit romain considéraient la

transmission de l'hérédité comme une oi naturelle,
qui envisageaient le mariage uniquement comme un
sacrement et négligeaient son rôle social, qui appliquaient enfin couramment aux tribunaux humains les
maximes de ceux qui regardent l'autre vie. Là était, en
effet, la source d'innombrables abus et d'innombrables
confusions qui, de ces points fondamentaux, s'étendaient sur toutes les parties du droit pour les troubler
et les obscurcir.

C'est avec ce même besoin de clarté et de précision
que Montesquieu examine les rapports du droit politique et du droit civil.

On a vu dans les pages précédentes les rapports
étroits qu'il y a entre le droit politique et le droit civil
lorsqu'il s'agit des lois d'organisation sociale destinées
à rendre le groupe plus homogène et plus attaché à
ses principes. Mais cette dépendance, que Montesquieu
a été un des premiers à bien mettre en lumière, exige
que les limites de ces deux droits soient très exactement marquées. Autrement, sous le premier prétexte
venu, le droit politique, fort de sa prééminence, pourrait bien faire intervenir d'une manière abusive ses propres principes dans le droit civil. Cela s'était vu souvent
pendant les longues années durant lesquelles s'élabo-
rèrent les sociétés modernes. Le droit civil cependant a
un domaine propre qui est la défense de la propriété
privée dont il doit être le palladium. Les principes du
droit politique doivent s'arrêter devant cette barrière.

Mais la réciproque est vraie. En matière de domaine public ou de succession au trône, par exemple, et malgré la similitude de l'objet, les principes du droit civil ne sauraient en aucune façon prévaloir.

L'histoire fournit de nombreux exemples de cette extension abusive. Montesquieu n'en cite pas, mais parmi beaucoup d'autres, il aurait pu rappeler la querelle survenue entre Bodin et Henri III à propos de l'aliénation que voulait faire ce prince d'une partie du domaine royal en Normandie.

Les vieux jurisconsultes français, pour réprimer toute aliénation du domaine, partaient de cette idée fondamentale dans notre ancien droit public que le roi doit vivre uniquement des produits de son domaine qui constituent les ressources ordinaires de la royauté. Dans leur esprit, les impôts sont des ressources extraordinaires auxquelles il ne faut faire appel que dans des cas déterminés et le moins souvent possible. Tous les impôts sont à proprement parler des « aides ». Il importe donc que les revenus du domaine ne souffrent pas de diminution, et la première condition est que le roi ne puisse en tarir la source en aliénant les biens qui constituent leur domaine.

Cette conception avait pu répondre anciennement à une réalité. A l'heure où écrivait Montesquieu il y avait longtemps que le domaine particulier des rois s'était fondu dans le royaume ou plutôt que le royaume s'était ajouté au domaine tandis que les impôts s'étaient éta-

blis solidement ne faisant qu'un avec le trésor privé.
Il en était résulté que le domaine avait pris un caractère politique et que les biens de la couronne ne pouvaient plus être séparés de cette couronne. Cela sim-
plifiait les choses et évitait toute discussion. De même
que le roi n'est point maître de sa couronne dont les
lois du royaume règlent la transmission, de même les
biens qui y sont attachés ne sauraient être régis par les
principes du droit civil.

Par un effet contraire, n'est-ce pas en se fondant,
par une confusion de principes, sur la loi civile des
Flandres, que Louis XIV, soutenu d'ailleurs par de
complaisants jurisconsultes, avait revendiqué les Pays-
Bas au nom du droit de dévolution.

Il importait donc de mettre le droit à l'abri de ces
interprétations fantaisistes, d'autant plus dangereuses
que par la confusion même des principes, elles pouvaient être de bonne foi.

Si l'on considère enfin le droit des gens, étant donné
que, en dehors de tout sophisme sentimental, la seule
règle qui préside aux relations internationales est la
raison du plus fort, tempérée il est vrai par le souci d'un
intérêt bien entendu, il est évident qu'il ne saurait
admettre les principes du droit civil dont la conservation de la propriété forme la base, non plus que ceux
du droit politique qui à côté de la notion d'autorité
retient celle de la liberté et reconnait les droits individuels,

Nous avons maintenant parcouru avec Montesquieu tous les éléments qui entrent dans la formation de la loi et caractérisent son objet. Nous avons trouvé dans cette analyse les moyens de fixer à chacun des droits particuliers leur domaine propre et de déterminer les limites de leur pénétration réciproque.

Reste l'application. Ici nous nous trouvons en présence d'un élément nouveau que Montesquieu avait dû forcément négliger dans son étude des conditions essentielles qui président à la vie sociale. Cet élément c'est le temps. Il sera représenté par l'influence qu'ont les unes sur les autres les lois au cours de la vie d'un peuple. Non seulement, en effet, la loi dépend des rapports essentiels nécessaires à la conservation et à la permanence de la vie sociale à un instant donné, mais elle est encore solidaire du passé qui a déterminé les situations, préparé l'état d'esprit, orienté les mœurs. On ne peut donc bien connaître les lois qu'en les rapportant à leur histoire. Or cette histoire n'est autre que l'histoire des mœurs et de la civilisation sous l'influence desquels le droit se crée de proche en proche par limitations ou par développements successifs.

Les jurisconsultes du xvi° siècle l'avaient bien pressenti. Cujas, suivi au xvii° siècle par le président Fabre dans sa *Jurisprudence Papinienne* et dans ses *Rationalia ad Pandectas* avaient appliqué la méthode historique au droit civil romain. Beaudoin, Bodin et

Hotman avaient montré toute l'utilité de l'histoire pour établir les maximes du droit politique conformément aux circonstances particulières dans lesquelles se sont peu à peu constitués les Etats modernes.

C'est cette voie que suit Montesquieu, mais avec plus de sûreté que ses devanciers, précisément parce que l'analyse qu'il vient de faire sur l'objet général des lois lui donne des points de repère plus sûrs pour l'histoire des lois et de la civilisation.

Pour mettre en lumière cette dépendance naturelle et nécessaire Montesquieu étudie tout d'abord l'évolution du droit successoral chez les Romains en s'attachant à montrer comment il se modifie, se développe et s'élargit suivant les principes dont il s'inspire successivement selon que l'emportent tantôt les considérations politiques, tantôt les considérations d'ordre privé et humain. Parmi ces dernières, il faut ranger toutes celles qu'amenèrent le développement de la conscience morale sous l'influence de la philosophie grecque et la conversion du monde romain au christianisme.

Ainsi, à mesure que nous avançons dans l'*Esprit des Lois*, nous voyons la vie pénétrer dans toutes ses parties. Toujours plus soucieux de la réalité ondoyante et diverse, Montesquieu prend bien soin de nous faire sentir cependant le lien qui en rattache les unes aux autres toutes les manifestations. Rien n'existe et ne peut durer dans l'ordre social que ce qui s'est établi par rapport aux conditions essentielles qui peuvent dans une circonstance donnée en assurer la permanence et la continuité. Par ces correctifs et ces limitations de sa pensée, Montesquieu est loin de ce fatalisme scientifique qu'on lui a si souvent reproché et qui se manifeste uniquement dans les premiers livres.

Mieux encore que dans le livre XXVII, ce souci de la réalité apparaît, dans le livre XXVIII bien qu'il ne soit pas tout à fait du même genre que le précédent.

Dans le livre XXVII, en effet, Montesquieu montre au moyen d'un exemple particulier comment l'évolution du droit suit l'évolution des mœurs. Tout d'abord, et dans les temps où la société s'organise, le souci politique de l'organisation sociale prime tous les autres. C'est ainsi qu'aux premiers temps de Rome le régime de la propriété et celui des successions tient plus de compte des intérêts généraux que des intérêts particuliers. Le testament est alors un véritable acte politique. Avec le développement de la sécurité et l'état de stabilité qui résulte à la longue des habitudes imposées pour rattacher étroitement l'individu au corps social, il devient possible d'accorder plus de place aux sentiments individuels. Les lois s'inspirent alors de considérations plus humaines qui font prédominer les affections particulières sur le sentiment de ce qui est dû à la collectivité. Il en est ainsi jusqu'au jour où l'excès de l'individualisme, menaçant de ruiner le corps social, amène un retour aux idées directrices uniquement inspirées des nécessités politiques. C'est ce que prouve encore dans l'histoire du droit romain la suite des lois qui régissent les successions.

Encore faut-il que l'État politique permette aux lois d'exister et leur assure une autorité suffisante pour remplir leur objet qui est de maintenir l'ordre.

En étudiant dans le livre XXVIII les révolutions du droit civil chez les Français, Montesquieu va nous exposer de quelles circonstances extérieures à elle-même et à ses préoccupations essentielles dépend encore la loi pour qu'elle puisse obtenir toute sa force et manifester toute l'autorité qui est en elle.

L'application du droit dépend en effet du degré d'autorité des lois en vigueur. L'obéissance aux lois est facilitée, on vient de le voir, si elles sont tout d'abord fondées en raison sur l'état des mœurs; mais cela ne suffit pas. Il faut encore qu'une autorité consciente soit capable d'imposer leur respect et d'établir, pour les faire appliquer, un système d'enquête et de jugement assez sûr pour que personne ne puisse espérer pouvoir les éluder.

Or jamais cette vérité n'apparut plus clairement que lors du grand bouleversement produit en occident par les invasions barbares. Pendant plusieurs siècles l'état politique, toujours instable, ne parvint pas à trouver

sa forme propre. Il n'y avait point d'autorité ou, quand
elle existait, elle se trouvait infiniment morcelée.
D'autre part des peuples de caractère et de mœurs
les plus divers se trouvèrent en présence sans pouvoir
parvenir à se fondre. Pareille variété se retrouvait
dans les principes moraux. Alors l'on vit coexister
dans l'ancien monde les lois barbares, produit des
invasions — le droit romain de Théodose auquel
étaient alors soumises toutes les régions de l'Empire
— le droit ecclésiastique grandi au milieu de la tour-
mente à la double lumière de la raison romaine et des
préceptes de l'Evangile. Chacun de ces groupes de lois
répondait à l'esprit d'une partie de la population sans
pouvoir prétendre l'obliger dans son ensemble.

Le droit de la force donna la prééminence aux principes barbares qui finirent par faire dominer une conception de l'ordre social, du droit et de la justice dans
laquelle les croyances et les mœurs d'un peuple primitif se mêlaient à d'étranges superstitions issues d'un
christianisme élémentaire sans qu'aucune autorité fut
capable d'imposer un système bien lié.

Dans la dissociation de l'Etat, en effet, dans la
déchéance de la force publique qui succèdent aux invasions, il n'y a plus ni droit, ni lois. On peut même dire
qu'il n'y a plus de société, mais seulement des sociétés
suivant chacune des lois particulières.

Ici, les lois féodales sont toutes inspirées du désir
et du besoin de perpétuer par les modes de transmis-

sion du fief la fortune de la famille et de maintenir par les rapports établis entre les individus la hiérarchie des personnes nécessaire à la prospérité de la caste.

Là, au contraire, les rapports sociaux, en l'absence de tout intérêt nécessitant des dispositions spéciales, sont uniquement réglés par les coutumes locales. C'est ce qui a lieu pour tout ce qui, dans la société du moyen âge, n'appartient pas à la féodalité. Ces coutumes suffisent largement à maintenir l'ordre parmi des individus vivant sur des territoires peu étendus. Mais elles sont extrêmement variables, et si, dans leurs principes, elles présentent assez d'uniformité, en particulier pour tout ce qui concerne l'hérédité et les successions, où domine l'esprit démocratique, cependant, les habitudes locales et les divergences d'intérêt produites par les différences dans l'orientation de la vie et dans les traditions de chaque province, modifient très sensiblement les détails d'application selon que l'on considère l'Est ou l'Ouest, le Nord ou le Midi.

En d'autres endroits, la société ecclésiastique se gouverne par des lois où l'on reconnaît, à côté de l'influence du droit romain, la marque de l'esprit chrétien. A mesure que croît l'autorité de l'Eglise, l'autorité de ses lois s'étend aussi, principalement en ce qui regarde toutes les actions qui relèvent de la conscience morale ou qui peuvent influer sur le bonheur ou sur le malheur de la vie future. Ainsi l'esprit de la législation de l'Eglise pénètre la législation civile non seulement au sujet des mariages et des testaments, mais encore pour toutes les sortes d'obligations et de contrats et surtout pour la répression des fraudes, délits et crimes.

Sur ce dernier point, le sentiment de la justice divine s'ajoutant aux vieilles traditions germaniques, contribue à donner plus d'autorité et de force à la seule pratique admise couramment alors pour prouver le droit, je veux parler du duel judiciaire sur lequel Montesquieu insiste dans le livre XXVIII avec tant de raison.

Pour qu'une société se maintienne et prospère, en effet, il ne suffit pas qu'elle possède un système de lois réglant les rapports publics ou privés : il faut encore que chacun puisse faire reconnaître son droit. Le degré d'autorité des lois, leur rôle bienfaisant, dépendent alors surtout de la manière dont est administrée la preuve aussi bien que de la clarté et de l'à propos que la puissance publique chargée de légiférer aura su introduire dans leur rédaction.

L'administration de la preuve est l'affaire d'un tiers impartial qui se place entre les individus ou bien entre la société et l'individu pour accorder à chacun les réparations auxquelles il prétend.

Pour s'éclairer le juge s'appuie d'une part sur la lettre du droit, d'autre part, sur tout un ensemble de

témoignages et de preuves destinés à déterminer d'une
manière irréfutable le côté où se trouve le bon droit.
L'administration de la preuve est donc un des objets
les plus essentiels à toute bonne justice. C'est sur elle
que se fonde et se justifie la sanction.

Dans une société très civilisée, où les rapports
sociaux sont extrêmement divers et où les intérêts en
jeu sont par conséquent très délicats à apprécier,
l'action du tribunal demande pour s'exercer un mécanisme subtil et sûr. Au contraire, dans une société
encore rudimentaire et dans laquelle, au demeurant,
étant donné l'état naturel de violence dans lequel elle
vit, on ne saurait ni donner confiance à l'autorité, ni
garantir l'impartialité des enquêteurs, ni assurer la
sincérité des témoins, il faut que la preuve se présente aux yeux de tous d'une manière si frappante que
personne ne puisse la récuser.

De là, chez les peuples primitifs, le système des
ordalies qui, pour suppléer à la faiblesse humaine,
fait intervenir la justice immanente à la divinité. De là
l'importance que prit dans la société du moyen âge, le
duel judiciaire aussitôt après la disparition du dernier
vestige de l'autorité publique. A cette époque à la fois
simpliste et superstitieuse, le duel judiciaire devient,
en dehors des tribunaux d'Eglise qui conservent les
anciennes formes de procédure, la seule manière de
prouver le droit. Tout le monde y a recours, même les
vilains. Le duel judiciaire ne cédera la place que

devant les progrès de la juridiction royale manifestés en premier lieu par l'extension des appels sans combat, en second lieu par le développement de la procédure écrite.

A son tour, le progrès de la juridiction royale favorisera la création législative et la transformation des coutumes locales en véritables lois.

C'est l'ensemble de cette évolution des formes extérieures du droit en Gaule, puis en France, que Montesquieu appelle *De l'origine et des révolutions des lois civiles chez les Français*. Il ne faut pas s'étonner du contenu de ce chapitre. Nous venons d'expliquer par l'effet de quelles circonstances la forme extérieure du droit en était venue à le représenter tout entier si bien que Montesquieu, voulant étudier les lois ne trouve devant lui que des formules ou des expédients de procédure. Il faut aussi se rappeler le sens que l'on donnait alors à ces mots « droit civil » « lois civiles » dans notre ancienne langue juridique. On rangeait alors sous le nom de droit civil non seulement toutes les matières d'ordre privé que renferme aujourd'hui notre Code civil, mais encore l'ensemble des formules et des moyens propres à mettre ces lois en œuvre, tous objets qui répondent à notre Code de procédure. On les oppose ainsi en bloc au droit public qui s'occupe uniquement de gouvernement et d'administration. Montesquieu est donc également bien fondé d'une part en donnant à ce livre le titre d'étude sur les révolutions du droit civil chez les Français et d'autre part en n'y traitant point du tout le sujet que nous attendions et qu'il nous était permis de supposer après le livre XXVII.

Arrivé à ce terme de son analyse, si logiquement poursuivie à travers tant de faits contradictoires, Montesquieu clôt son étude par des conseils pratiques sur la manière de composer les lois qu'il désire toujours claires et sans équivoque dans la précision de leur texte.

Le livre de l'*Esprit des Lois* peut alors être considéré comme complet et effectivement les critiques regrettent que Montesquieu ne s'en soit pas tenu là et ait ajouté, comme une sorte d'appendice, deux livres sur les lois féodales qui paraissent au premier abord un hors-d'œuvre inutile. On peut cependant essayer de justifier cette étude qui au dire de Montesquieu lui-même lui donna plus de mal que tout le reste de son ouvrage.

D'après ce que nous venons de voir l'*Esprit des Lois* nous a montré comment les lois s'organisent par rapport à la nature des choses de la vie sociale considérée dans les éléments constitutifs de sa nature ; — comment elles tiennent compte de l'influence du milieu physique et du milieu moral ; — comment elles se rattachent aux traditions du passé ; mais par une application immédiate de la méthode créée par Montesquieu, on peut se demander si elle s'applique à la

formation des sociétés modernes et si elle peut rendre
compte de la manière dont se sont organisées les
sociétés féodales issues des invasions barbares et qui
présentent un caractère si différent de toutes les formes sociales dont l'histoire ancienne avait donné les
modèles. C'est précisément pour répondre à cette
curiosité bien légitime et prouver la valeur de l'instrument qu'il a forgé que Montesquieu consacre les
deux derniers livres de l'*Esprit des Lois* à l'étude des
lois féodales dans leur rapport avec l'établissement et
avec les révolutions de la Monarchie.

Mais il peut y avoir aussi une autre raison. Malgré
le caractère théorique de ses préoccupations, Montesquieu ne se désintéresse pas de la politique active.
Il a toujours conservé l'esprit d'Usbeck ou de Rica
censurant les principes de gouvernement d'où sont
sortis les malheurs des dernières années du règne de
Louis XIV et la corruption du temps de la Régence.

Les théoriciens de l'absolutisme, en effet, entraî-
naient la Monarchie dans une direction contraire à la
raison si l'on considère les conditions essentielles de
toute vie sociale dans laquelle le principe de liberté
ne doit pas tenir moins de place que le principe d'autorité. Mais, d'autre part, les théoriciens de la liberté
exagéraient, surtout au xvie siècle, le rôle qui lui est
dévolu dans l'organisation sociale. Les uns et les
autres, par l'oubli des données historiques qui ont présidé à la formation de la monarchie française, ne pou-

vaient que nuire à l'équilibre de l'Etat en rompant la chaîne de ses traditions.

Ce sont ces traditions que Montesquieu veut renouer en montrant d'abord comment s'est formée la société féodale et comment ensuite en est sorti un régime monarchique répondant dans ses grandes lignes à la définition *in abstracto* donnée par lui dès le début de son ouvrage, mais particularisé par certaines mœurs, par certaines habitudes créées par les circonstances même de son établissement.

Dans quelle mesure ces mœurs et ces habitudes venant régler l'exercice du pouvoir ont-elles permis à la monarchie française de satisfaire à la fois le principe d'autorité et le principe de liberté, c'est une question que Montesquieu n'a pas résolue expressément mais sur laquelle il nous a laissé assez de renseignements pour nous permettre de concevoir sinon peut-être la solution qu'il lui aurait donnée, tout au moins celle qui se peut logiquement déduire de ses principes.

Une pareille recherche ne semble pas inutile.

On connaît en effet l'usage qui a été fait des théories de Montesquieu pour l'établissement de la monarchie parlementaire. Pour qui ne s'en tient pas aux premiers livres de l'*Esprit des Lois* ou même au seul chapitre sur la constitution anglaise il apparaît que cet usage a été pour le moins abusif. Et puisque l'on s'est tant réclamé des principes de Montesquieu, il nous a semblé intéressant de voir quels rapports on peut établir entre les principes de Montesquieu et sa théorie de la monarchie, ne faisant en cela qu'appliquer à un point particulier la méthode même dont il a donné l'exemple.

III

Le libéralisme de Montesquieu est une vérité reconnue. L'*Esprit des Lois* peut passer en effet dans sa partie politique comme le Code des libertés du citoyen, car on y trouve exprimés pour la première fois sous une forme énergique et précise les principes sur lesquels peuvent se fonder les droits de l'homme. A ce titre, les constituants n'avaient point tort lorsqu'ils se réclamaient de Montesquieu pour reconnaitre ces droits et leur assurer des garanties dans les constitutions nouvelles qu'ils élaboraient.

Cependant, l'on se tromperait étrangement si l'on supposait qu'il eût pu les suivre dans leurs affirmations si absolues. Sa méthode, plus concrète et plus souple, n'aurait pu s'en accommoder, et peut-être aurait-il trouvé qu'ils forçaient un peu trop la nature des choses.

Si Montesquieu proclame bien évidemment les droits du citoyen à la liberté de penser, à la liberté individuelle, à la liberté de la propriété et à la liberté

politique qui garantit toutes les autres, il se garde
bien de présenter ces droits comme universels et
absolus par eux-mêmes, au nom des droits supérieurs
de la nature humaine. Il tempère cette métaphysique
en tenant compte des contingences de l'organisation
sociale particulière à chaque peuple, et surtout, en ne
négligeant pas l'influence du facteur psychologique
représenté par le désir et la croyance, source première de toutes les aspirations des individus comme
des collectivités.

Nous pouvons donc, maintenant que nous avons
rappelé d'après nos premières conclusions l'économie
générale de l'*Esprit des Lois* et le rythme de son
développement, préciser le sens que Montesquieu
attache à la liberté et aux libertés et déterminer
l'influence que cette conception peut avoir eue sur ses
théories politiques, en particulier sur celle qu'il donne
de la monarchie.

Tout d'abord, il convient de remarquer que la
théorie de Montesquieu sur la liberté politique se
rattache étroitement à l'idée qu'il se fait de la loi et
du droit naturel. Il ne pouvait pas en être autrement
s'il est vrai que tous les théoriciens de la liberté ont
toujours cherché dans ces mêmes notions les principes
capables de fonder et de soutenir en droit les revendications des peuples opprimés dans leur bien-être
matériel ou dans leur conscience.

C'est au nom du droit naturel, obscurément pressenti à travers les souffrances du peuple, que parlaient aux Etats-Généraux les orateurs du Tiers-Etat, Philippe Pot ou Robert Miron. Saint Thomas d'Aquin et les docteurs scolastiques invoquent aussi le droit naturel lorsqu'ils proclament que les rois sont faits pour les peuples et non les peuples pour les rois.

Mais sur quoi se fonde ce droit naturel perpétuellement invoqué ? Sur le sentiment de la justice et de l'équité que Dieu dépose dans le cœur des hommes par l'entremise des préceptes de sa loi d'amour et de charité, proclament les théologiens ; — sur les données de la conscience éclairée par la lumière divine, assurent Grotius et Puffendorf, en reprenant les théories des philosophes anciens et les jurisconsultes romains.

Cela est bien, et ces efforts vers plus de justice et d'équité attestaient un progrès certain sur le règne de la force et dans la voie de l'unification du droit à l'aide des principes rationnels. Ces solutions, cependant, avaient un grave défaut. Les premières confondaient le droit naturel avec la religion ; les secondes ne le séparaient pas assez de la morale. Les unes et les autres, enfin, malgré leur désir de déterminer les règles de l'équité et de la justice, en laissaient trop encore la connaissance et l'application au sentiment que chacun pouvait en avoir. Or, quelle chose plus variable et plus fugitive, plus diverse et moins sûre et dépendant de plus de facteurs que le sentiment, voire même le sentiment moral ?

C'est alors qu'apparut dans les premières années du xviiᵉ siècle une nouvelle école de droit naturel fondée sur l'étude des lois de l'homme vivant à l'état de nature, c'est-à-dire en dehors de toutes les contingences sociales. Si la multiplicité des accidents de la vie peut obscurcir chez l'individu la notion du droit et troubler sa conscience, le meilleur moyen de l'éclairer n'est-il pas de lui montrer ce qu'il était dans son état primitif et à l'origine même des sociétés ?

Pour ces derniers théoriciens, la loi naturelle n'est plus celle que dicte la conscience, mais au contraire celle qu'imposent à l'homme primitif ses besoins immédiats. Elle se confond alors avec la loi de nature. Partant de ces principes, ils arrivent à des conclusions que l'on peut facilement résumer dans les propositions suivantes : 1° les hommes naissent tous égaux et libres ; 2° le contact de ces forces égales engendre la guerre et l'inégalité ; 3° le rôle de la société doit être de rétablir l'ordre, soit en ramenant sur terre la liberté et l'égalité primitives (Locke), soit en maintenant par la force les inégalités consacrées (Hobbes) ; lorsque les hommes réclament la liberté et l'égalité, ils le font donc, dans le premier cas, au nom du droit naturel dérivé de leur état primitif. Dans le second cas, au contraire, ce même droit naturel légitime tout absolutisme et tout despotisme.

Toutes ces constatations sont de la plus haute importance, car elles nous permettent de mieux saisir l'état d'esprit dans lequel se trouvaient les contemporains de Montesquieu par suite de la confusion qu'ils faisaient de ces termes : nature, droit naturel, lois de nature, lois naturelles qu'employaient indifféremment l'une et l'autre école, en y attachant au fond, comme on vient de le voir, des sens tout à fait différents.

Or, pour Montesquieu, l'interprétation des uns n'est pas plus légitime que celle des autres.

Si l'on peut reprocher en effet aux premiers de faire appel à des principes philosophiques sans aucune réalité concrète, de telle sorte qu'il y a en somme autant de droits naturels que de principes différents dont on prétend les tirer, on peut blâmer les seconds, avec non moins de vérité, d'aller chercher leurs principes dans une réalité si lointaine que nous ne pouvons à son sujet former que des hypothèses. Qui peut nous dire l'origine des sociétés et comment imaginer avec sûreté l'état de nature : « Je n'ai jamais ouï parler du droit public, dit Montesquieu, qu'on n'ait commencé par rechercher soigneusement quelle est l'origine des sociétés ; ce qui me paraît ridicule. Si les hommes n'en formaient point, s'ils se quittaient et se fuyaient les uns les autres, il faudrait en demander raison et chercher pourquoi ils se tiennent séparés : mais ils naissent tous liés les uns aux autres ; un fils est né auprès de son père et il s'y tient : voilà la société et la cause de la société » (1). L'homme, par le

1. Montesquieu, *Lettres persanes*, lettre 94.

seul fait de la filiation et de la famille forme donc
tout naturellement avec les siens un embryon de
société qui se développera peu à peu. L'homme isolé,
l'homme à l'état de nature de Hobbes, n'est qu'une
création de l'imagination, et à supposer même qu'un
tel homme eût existé, il aurait cherché à conserver
son être bien plutôt en utilisant les ressources de sa
faiblesse, qu'en essayant d'imposer par la force sa
domination. « Dans cet état, dit Montesquieu, chacun
se sent inférieur, à peine chacun se sent-il égal » (1).

Aussi cet état de crainte, ce sentiment de leur faiblesse dans lesquels il est plus raisonnable de supposer qu'auraient dû vivre les hommes à l'état de nature,
loin de les pousser à la guerre, les devaient engager
bien plutôt à s'unir, s'il n'y avait eu déjà la famille,
car la société décuple par l'entr'aide les forces de chacun.

La société fondée sur l'assistance mutuelle, est donc
de quelque façon que l'on raisonne, le seul fait primor-
dial réel, soit que l'on parte de la famille, soit que l'on
veuille remonter jusqu'à l'état de nature.

S'ensuit-il que les hommes naissent égaux ainsi que
le prétend Locke ? On peut le soutenir et Montesquieu
semble y souscrire (*E. des L.*, VIII, 3) à condition d'admettre l'état de nature. Mais, s'il existe, cet état ne
dure pas, il fait place aussitôt à la société qui est l'état

1. *Esprit des Lois*, I, 2.

normal de l'humanité. Or la société primitive c'est le
règne de l'inégalité.

Si la famille est l'image de cette société, qu'y a-t-il
de moins compatible avec l'égalité que la constitution
de la famille ? Le père y détient, surtout dans les sociétés primitives, une autorité presque absolue, si bien
que l'on a voulu voir dans cette puissance paternelle
l'origine de l'autorité monarchique ; la femme y est
presque esclave ; quant aux enfants, l'inégalité de leur
âge et de leur force leur crée en fait des devoirs différents qui se traduisent par des droits inégaux à jouir
des avantages qui échouent au groupe.

Considère-t-on, au contraire, la société comme une
réunion d'individus qui ont mis en commun leur faiblesse pour s'en faire un soutien, le sentiment d'inégalité de leurs forces qui a poussé les hommes à se
réunir, engendrera pour commencer un sentiment
d'inégalité dans les droits. En effet, ou bien les plus
faibles trouveront naturellement juste que les plus
forts soient récompensés, par un traitement meilleur,
de la sûreté qu'ils procurent à la collectivité, bien
qu'en fait la bonne volonté de tous soit égale dans
l'œuvre de sécurité commune, ou bien, et c'est l'opinion de Montesquieu, « les particuliers, commençant
par l'effet du groupement à perdre le sentiment de leur
faiblesse et à sentir leur force, chercheront à tourner en leur faveur les principaux avantages de la

société (1) ». En tous cas, une inégalité acceptée ou subie ne manquera pas de s'établir, et en cela les hommes ne font que suivre la loi de nature de toutes les choses et de tous les êtres, telle que Montesquieu l'a établie. Loi qui les pousse à persévérer dans leur être et à faire effort pour se conserver en développant toutes les puissances qui sont en eux. C'est dans ce but que les individus isolés se sont réunis en société et c'est par l'effet de cette même loi qu'aussitôt la société établie, l'inégalité s'y introduit.

Cependant, à mesure que la prospérité s'établit, que la civilisation se développe, que l'ordre se fonde, à cet état ou à ce sentiment primitif d'inégalité, succède, chez les moins bien partagés, le sentiment de l'égalité réciproque de tous les membres du corps social, sentiment qu'ils puisent dans l'indépendance mutuelle que leur assure l'ordre et la stabilité de la société. Locke a donc raison de définir l'égalité « le droit égal qu'a chacun à la liberté et qui fait que personne n'est assujetti à la volonté ou à l'autorité d'un autre homme (2) ».

Mais, au regard de Montesquieu, il a tort en affirmant que les hommes sont nés égaux, puisque la dépendance, l'inégalité, le règne de la force sont à la base de la vie sociale tant que ne sont point intervenues les règles du droit dont le résultat est précisément de

1. *Esprit des Lois*, I, 3.
2. C'est la liberté de l'homme dit Montesquieu qui fait la liberté du citoyen (*Esprit des Lois*, XVIII, 14).

dégager la liberté de chacun en mettant des bornes à
l'expansion indéfinie des autres sur lui (1). Les principes du droit naturel, ou si l'on veut du droit tout court,
ainsi que la portée qu'il convient de leur attribuer, ne
sauraient donc être recherchés d'une manière efficace
et sûre que dans l'étude de la société complètement
organisée.

Au xvIII° siècle (2), on a beaucoup reproché à Montesquieu cette manière de voir, et on lui a fait un grief
de ce qu'il supposait tout d'un coup la société à sa perfection au lieu de voir comment elle avait pu naître.
Mais c'est précisément cette façon d'envisager le problème qui fait l'originalité et la supériorité de Montesquieu. L'état de nature est hypothétique ; la société est
un fait que l'on peut analyser en toute certitude ; c'est
un état réel dont tous les éléments peuvent être con-
nus. Or, à quel moment ces éléments peuvent-ils appa-
raître le mieux si ce n'est lorsque la société a pris tous
le développement qui est compatible avec sa nature ?
Il ne vient à l'esprit de personne de rechercher, pour
analyser les organes du corps humain, un embryon ou
un fœtus. Bien au contraire, on prend tout d'abord
l'homme normal et sainement constitué. Ce n'est que

1. Dans l'état de nature, les hommes naissent bien dans l'égalité, mais ils n'y sauraient rester. La société la leur fait perdre et
ils ne redeviennent égaux que par les lois (*Esprit des Lois*,
VIII, 3).

2. Linguet. *Théories des Lois civiles*, tome I, p. 243.

plus tard, et quand le terrain sera bien manifestemen
reconnu, que l'on s'appliquera soit à l'étude de la formation et du développement des organes, soit à celles
des déformations pathologiques causées par la maladie.
Cette étude servira à déterminer les caractères propres
de l'activité de chaque organe, mais seulement par
comparaison avec les mêmes organes sains, au moyen
d'une série de limitations successives.

Or, à l'époque de Montesquieu, le travail de reconnaissance préliminaire n'étant encore fait que fragmen-
tairement en ce qui concernait les sociétés humaines,
Montesquieu se propose précisément de l'accomplir
dans l'*Esprit des Lois* d'une manière complète, de
façon à donner une vue d'ensemble de tous les orga-
nismes de ce grand corps afin de fonder sur une base
solide toutes les discussions et toutes les créations juridiques.

Si l'on considère donc la société à l'état adulte, on
la trouve composée d'individus ayant une existence
propre et bien définie. Mais, d'un autre côté, par le
gouvernement et l'État, la société a, comme collectivité,
une existence réelle et vivante. Sous ce point de vue,
elle est une personne au même titre que l'individu.
Tout revient donc à rechercher quelle doit être la loi
de nature de l'individu et la loi de nature de la société,
et quelle sera par suite la loi de leurs rapports réciproques.

Ces lois ont-elles un caractère différent ? Non, leur

caractère se confond dans le caractère commun de
toute loi. Nous avons montré ailleurs comment, en partant du caractère de la loi physique, Montesquieu
arrive à concevoir la loi positive. En réalité, il n'y a pas
entre elles de différence. Toutes les deux ne font qu'exprimer les rapports essentiels à l'existence et à la permanence du phénomène qu'elles consacrent : à ce titre,
la loi de nature de la société est d'assurer les rapports
qui lui permettent de subsister, et la loi de nature de
l'individu est de se ménager dans la société une place
telle qu'il puisse satisfaire, sans nuire aux exigences de
la collectivité, les besoins particuliers essentiels à la
conservation de sa propre vie. Le droit naturel n'est
donc pour Montesquieu que l'expression des nécessités
vitales les plus impérieuses, soit au regard de la société,
soit au regard de l'individu, et il l'exprime quelquefois
par le mot de « défense naturelle » qui explique bien
sur ce point le caractère de sa pensée.

Ainsi l'idée de droit naturel est loin de se confondre
pour Montesquieu avec celle que les philosophes de
son temps appelaient la loi de nature, loi qui se repor-
tait à un état primitif dans lequel l'homme vivait seul
en face de lui-même et en dehors de toutes les contingences sociales. De même, la conception de Montesquieu ne s'accorde pas davantage avec celle de Grotius
et de son école qui confondaient le droit naturel avec
la morale.

Prise au pied de sa lettre et sans correctif, cette doctrine de Montesquieu peut paraître choquante, car elle érige l'utilité comme souveraine maîtresse des actions humaines et cela peut excuser tous les appétits et tous les crimes. L'instinct serait alors la suprême expression de cette loi naturelle ainsi comprise, et l'on pourrait souscrire à la définition d'Ulpien, dans les instituts : « Le droit naturel c'est ce que la nature a enseigné à tous les animaux ». C'est-à-dire, l'usage de tous les moyens capables de leur assurer et de leur conserver l'existence. Montesquieu, heureusement, n'est pas aussi absolu que ces prémisses pourraient le faire croire et nous le verrons tout à l'heure.

Mais avant d'aller plus loin, une remarque s'impose : tels qu'ils viennent d'être déterminés, ces principes de la philosophie du droit présentent une analogie fort grande avec la doctrine de Spinoza. Jusqu'à quel point le rapprochement est-il permis ? C'est là une question de la plus haute importance, non seulement par l'intérêt qu'elle présente en elle-même, mais encore par les polémiques que souleva au XVIII⁰ siècle le « spinozisme » de Montesquieu.

Le rapport que l'on peut établir, en effet, entre les idées de Montesquieu et la doctrine de Spinoza n'avait pas échappé aux journalistes qui, dans les *Nouvelles Ecclésiastiques* du 9 et du 16 octobre 1749, avaient lancé formellement contre l'*Esprit des Lois* l'accusation de spinozisme.

Ils se fondaient principalement sur la définition que

Montesquieu donnait des lois : « Les lois sont les rapports nécessaires qui dérivent de la nature des choses ». Ils prétendaient, que dans cette affirmation, Montesquieu conçoit les choses de l'univers dans un enchaînement si nécessaire que le moindre dérangement porterait la confusion jusqu'au trône du premier être, et que les choses n'ont pu être autrement qu'elles ne sont. De là, ils affirmaient que Montesquieu, admettant un principe aveugle et nécessaire pour gouverner l'univers, est suspect d'athéisme et partant de spinozisme, car ces deux termes avaient pour les contemporains la même signification.

Montesquieu répond avec indignation (1) à ces accusations : il relève les phrases de son livre (I, 1) où il repousse la fatalité aveugle, où il établit Dieu comme le créateur et le conservateur de l'univers, où il distingue, contrairement à Spinoza, le monde de la matière et celui de l'intelligence, où il démontre enfin que les rapports de justice et d'équité sont antérieurs à toutes les lois positives. Jouant un peu sur les mots, il ajoute : « Quand l'Auteur a dit que la Création qui paraissait être un acte arbitraire, supposait des règles aussi invariables que la fatalité des athées, on n'a pas pu l'entendre comme s'il disait que la création fut un acte nécessaire comme la fatalité des athées, puisqu'il a déjà combattu cette fatalité. De plus, les deux mem-

1. *Défense*, première partie, I.

bres d'une comparaison doivent se rapporter ; aussi il
faut absolument que la phrase veuille dire : la création qui paraît d'abord devoir produire des règles de
mouvement variables, en a d'aussi invariables que la
fatalité des athées ». Et il conclut formellement : « Il
n'y a donc point de spinozisme dans l'*Esprit des Lois* ».

Il était évidemment de l'intérêt de Montesquieu de
repousser de toutes ses forces cette accusation fort
dangereuse pour lui dans l'époque où il vivait. Cependant, nous ne l'en croirons pas sur parole et les quelques
phrases orthodoxes qu'il insinue ça et là pour sauve-
garder ses principes ne doivent pas nous faire illusion.
Il n'était pas dans son naturel de battre ouvertement
en brèche les dogmes reçus ; et, s'il se montre irréductible et même absolu sur des erreurs de fait ou de
raisonnement appliqué à des faits certains, il est beaucoup moins tranchant lorsqu'il s'agit de dogmes et de
croyances. Sur ce point, il s'applique à envelopper sa
pensée de détours grâce auxquels il lui soit loisible, le
cas échéant, de trouver une retraite facile. « Tout
ce qui est nouveau, dit-il, n'est pas hardi ». Otons la
hardiesse, il reste la nouveauté, et c'est cette nouveauté,
retrouvée sous les mots, qui nous semble bien proche
de Spinoza.

Lorsque nous analysions dans notre précédent travail,
l'idée que Montesquieu eut de la loi, nous montrions
comment il fallait entendre le mot « nécessaire » au
sens d' « essentiel ». La loi consacre les rapports essen-

tiels qui dérivent de la nature des choses et par suite, elle n'est autre chose que ces rapports. Tout ce qui est en dehors de ces rapports est en dehors de la loi et il n'y a pas de loi sur les matières indifférentes. Mais d'autre part, si ces rapports essentiels ne sont pas suffisamment consacrés par la loi, la nature de la chose dont elle s'occupe se trouve faussée et modifiée dans un de ses termes. Ainsi le gouvernement monarchique et le gouvernement républicain ont avec eux-mêmes et avec la société de certains rapports qui doivent être consacrés dans leur organisation, sous peine de détruire la nature monarchique et républicaine du gouvernement.

La loi doit donc reposer sur la connaissance exacte des rapports, c'est-à-dire en somme sur des définitions précises qui fixent la nature exacte de chaque chose. Il résulte de cela que les rapports qui ont été établis par Dieu entre les choses lors de la création s'imposent à lui s'il veut la conserver dans l'état où il l'a créée. Ne reconnait-on point là la nécessité de Spinoza. Dieu cependant reste toujours libre de modifier ces rapports. Voilà contre la fatalité aveugle. Mais alors la création change de nature. C'est toujours l'œuvre volontaire de Dieu, mais ce n'est plus celle que nous voyons. Cependant l'expérience que nous pouvons prendre des lois du monde physique nous montre, par l'immutabilité de ces lois, à notre connaissance du moins, que Dieu s'applique à conserver l'économie première établie par

l'acte arbitraire de sa volonté ; nous pouvons conclure alors que les choses se passent comme si Dieu
était lié nécessairement, et le principe de conservation
apparaît comme le principe supérieur de la vie de
l'univers.

C'est ainsi qu'il est dans la nature de chaque être
vivant de vivre, c'est-à-dire de continuer d'être, et il
ne le peut qu'en satisfaisant aux besoins de sa nature,
c'est-à-dire en conservant les rapports qui relient entre
eux ses organes, s'il s'agit de lui-même, ou ceux qui
l'attachent aux autres êtres, si on le considère non
plus isolément, mais dans l'ensemble des choses créées.
Dans ce sens, Spinoza a pu dire (*Ethique*, part. 1,
prop. 29) : « Toutes choses sans exception sont déterminées par des lois universelles de la nature à exister
et à agir d'une manière donnée ».

D'après ce que nous savons, on voit que Montesquieu
souscrivait assez volontiers à cette proposition. Il y a
cependant une différence. Tandis que Spinoza refuse
à Dieu la possibilité de changer l'ordre une fois établi,
ou plutôt, alors qu'il n'admet pas de création initiale,
le monde existant en Dieu de toute éternité, Montesquieu croit comme Descartes et comme l'orthodoxie à
cette création première, maintenue à chaque instant
par la volonté libre et essentiellement indifférente d'un
Dieu extérieur au monde. Mais qu'importe au fond !
Il y a un fait d'expérience, c'est que, autant que les
hommes ont pu le constater, le monde se conserve et

continue ; c'est qu'il y a dans son développement sensible une unité qui relie entre eux tous les phénomènes dans le temps, de la même façon qu'ils sont solidaires les uns des autres dans l'étendue. Les lois physiques manifestent cette réalité et les lois positives de l'organisation sociale la proclament aussi de leur côté. Il n'est pas besoin d'aller au delà, et c'est ainsi que Montesquieu, qui sépare la matière de l'intelligence, qui admet un Dieu créateur doué d'une volonté arbitraire pour modifier sa création, n'est pas, il est vrai, Spinoziste, mais qu'il l'est pourtant tout de même si l'on veut, parce que la réalité dans laquelle il se place répond aux conséquences mêmes de l'hypothèse de Spinoza ; à savoir, que dans l'état actuel des choses, et tel que nous voyons l'univers se comporter, soit que Dieu reste le maître d'en modifier l'ordonnance, soit qu'il ne le puisse et reste lié éternellement par son premier acte, toute chose créée ne peut assurer la permanence de sa durée qu'en satisfaisant aux rapports qui dérivent de sa nature propre.

L'analogie de fait entre la conception de Montesquieu et celle de Spinoza devient plus étroite encore si de l'idée de loi nous passons aux réalités plus pratiques de la politique. Que nous dit Spinoza ? « Que si tous les hommes étaient capables de vivre suivant la raison, ils formeraient spontanément par le seul jeu de leurs libertés une association profonde et stable »; mais que, comme « la plupart sont soumis à la pas-

sion, une organisation politique est nécessaire » et que
cette organisation a pour but « de créer par l'équilibre des passions un État qui permette à chacun de se
développer avec sécurité ».

N'est-ce point la pensée même de Montesquieu?
Après nous avoir montré le monde physique gouverné
par des lois invariables qui maintiennent les rapports
essentiels à la continuité de la création, il constate
que ce monde intelligent « bien qu'il ait aussi des lois
qui par leur nature sont invariables », est loin d'être
aussi bien gouverné que le monde physique et « qu'il
ne suit pas constamment ses lois comme le monde
physique suit les siennes ». — « La raison (1),
ajoute-t-il, en est, que les êtres particuliers intelligents
sont bornés par leur nature et par conséquent sujets à
l'erreur », ce qu'il complète plus loin en constatant
que l'homme, comme être sensible, est sujet à mille
passions. Comme de plus, il est de la nature des êtres
intelligents d'agir par eux-mêmes, « ils ne suivent pas
constamment leurs lois primitives; celles même qu'ils
se donnent, ils ne les suivent pas toujours ».

Il résulte de cela que pour Montesquieu comme pour
Spinoza, l'office des lois positives et de l'organisation
politique, est de ramener les hommes aux lois de leur
nature, par la constatation de leurs rapports individuels et sociaux, de manière à ce que, ces rapports

1. *Esprit des Lois.* I, 3.

étant maintenus dans leur intégrité, les sociétés aussi bien que les individus puissent subsister et se perpétuer.

On peut objecter à ces raisonnements, et Montesquieu n'a pas manqué de le faire, qu'il y a tout de même une différence essentielle entre les deux conceptions dont nous nous occupons. L'une fait de l'établissement de la société et des lois politiques, une correction à l'état de guerre primitif et naturel; l'autre repousse cet état de guerre. Montesquieu, en effet, affirme qu'il a en vue d'attaquer le système de Hobbes qui, « voulant prouver que les hommes naissent tous en état de guerre et que la première loi naturelle est la guerre de tous contre tous », renverse comme Spinoza toute religion et toute morale. Sans doute, mais il n'y a là qu'une querelle de mots, et il importe peu que l'on déplace l'époque où s'établit l'état de guerre, puisque dans les deux cas le résultat est toujours le même : l'établissement de lois positives et d'une autorité publique destinées à rétablir entre tous les hommes la permanence des rapports nécessaires pour assurer la libre existence et la sécurité de chacun, soit en empêchant, comme chez Montesquieu, la société formée de se dissoudre dans l'anarchie, soit en aidant, comme chez Spinoza, à sa formation. En somme c'est toujours l'état de guerre, antérieur ou postérieur à la société qui aboutit à la création des lois. Le texte de Montesquieu auquel nous avons plusieurs fois déjà fait

allusion est positif : « Sitôt que les hommes sont en
société, ils perdent le sentiment de leur faiblesse ;
l'égalité qui était entre eux cesse et l'état de guerre
commence. Chaque société particulière vient à sentir
sa force ; ce qui produit un état de guerre de nation à
nation ; les particuliers dans chaque société commencent à sentir leur force ; ils cherchent à tourner en leur
faveur les principaux avantages de cette société ; ce
qui fait entre eux un état de guerre. Ces deux sortes
d'états de guerre font établir les lois parmi les
hommes (1). »

Quoiqu'il en soit, dans l'un comme dans l'autre cas,
la seule morale pour l'Etat est de subsister d'abord,
parce que, une fois formé, il existe comme une véritable personne morale, douée de tous les attributs des
personnes réelles ; ensuite, parce que son existence est
nécessaire à celle même des individus dont il discipline les forces et modère les énergies.

Par le fait même de son utilité pour maintenir les
rapports sociaux, l'Etat aura donc un véritable droit
de prééminence sur l'individu considéré isolément. La
loi de sa nature sera de maintenir ce rapport. Il y
arrive, dit Spinoza, par l'autorité de ses récompenses
et de ses châtiments. Il s'y conforme, dit Montesquieu,
en maintenant la cohésion de toutes les volontés et de
toutes les forces particulières qui lui ont donné nais-

1. *Esprit des Lois*, I. 3.

sance, au moyen de toutes les lois d'organisation
sociale qui dérivent de la nature et du principe du
gouvernement établi.

Ainsi, pour Spinoza, toute l'autorité de l'Etat réside
dans sa force, dans sa puissance à maintenir l'ordre,
et pour chaque peuple, le meilleur régime est celui
« qui a le plus de chance de durer sans crise ni catas-
trophe ». Mais le philosophe ne justifie ce déploie-
ment de force et de puissance que par son utilité et
sa convenance. Montesquieu est bien plus complet et
bien plus vrai quand il nous montre la force de l'Etat
dans l'accord des forces et des volontés particulières
et quand il introduit dans chaque gouvernement, un
principe psychologique fondamental qui, servi et
encouragé par les lois et les mœurs, assure de la
manière la plus certaine une autorité qui ne saurait
trouver longtemps dans la force seule une garantie de
durée et de stabilité. C'est là un des points les plus
profonds et les plus vrais des conceptions politiques
de Montesquieu et nous ne saurions trop y insister.

Cependant, quelque crédit que les volontés particulières assurent à l'Etat, quelque autorité nécessaire
qu'il possède légitimement, l'Etat, s'il veut se conserver lui-même, doit respecter les « limites de sa puissance ». Spinoza lui accorde toute juridiction sur les
actes extérieurs; mais il le force à s'arrêter au seuil
de la pensée. L'activité libre de l'esprit est en effet le
propre de l'homme, c'est le seul moyen qu'il ait d'assu-

rer son développement le plus complet. La mission de
l'État est précisément de lui en assurer les moyens,

Mais cette liberté, philosophiquement suffisante,
serait à elle seule une mince satisfaction pour la masse
des hommes. Montesquieu, plus conscient de la réalité,
énonce quelques autres libertés fondamentales dont
l'usage importe à la permanence et au développement
de la vie de l'individu. Si la liberté de pensée est
l'ordre universel et général, les libertés dont parle ici
Montesquieu sont absolument relatives à la nature de
la situation qui est faite à l'individu dans la vie sociale
pour assurer son existence matérielle. Ces libertés ont
donc leur fondement dans des besoins nécessaires,
et c'est la nécessité impérieuse de les satisfaire pour
continuer à vivre qui les transforme en droits que l'individu, selon la loi de sa nature, est dans l'obligation
de revendiquer. Il se produit alors entre l'autorité de
la collectivité et la liberté de l'individu un conflit que
les lois doivent régler. On ne trouve pas trace de ce
conflit chez Spinoza. Il lui suffit que l'État se conserve
en se limitant lui-même par obéissance à la loi de sa
nature propre.

Pour Montesquieu, au contraire, aucun être ne saurait se limiter lui-même. La loi de sa nature est de toujours développer sa puissance d'agir pour s'assurer la
plénitude de vie compatible avec ses facultés. De cette
constatation sort évidemment sa formule fameuse :
« tout homme qui a du pouvoir est porté à en abuser » ;

car l'homme ne fait ici que suivre la loi de tous les êtres, et la psychologie individuelle est ici d'accord avec les lois générales de la nature. De même donc que l'Etat est naturellement porté à augmenter son autorité, de même l'individu cherche par tous les moyens à développer son indépendance. C'est aux lois de déterminer la part que chacun doit abandonner ou conserver. Elles y arrivent par l'analyse des conditions essentielles à l'existence de chacune des parties, c'est-à-dire de celles en dehors desquelles elles ne pourraient plus exister ou existeraient autrement.

Mais que devient dans tout ceci l'idée de justice?

En se défendant d'être spinoziste, Montesquieu se prévaut de ce qu'il a reconnu des rapports de justice antérieurs à toute vie sociale, tandis que Spinoza prétend qu'il n'y a de juste et d'injuste que ce que les lois permettent ou défendent. « Avant qu'il y eut des êtres intelligents, dit Montesquieu, ils étaient possibles ; ils avaient donc des rapports possibles et par conséquent des lois possibles. Avant qu'il y eut des lois faites, il y avait des rapports de justice possibles. Dire qu'il n'y a rien de juste ni d'injuste que ce qu'ordonnent ou défendent les lois positives, c'est dire qu'avant qu'on eut tracé le cercle tous les rayons n'étaient pas égaux » (1).

Qu'entend donc Montesquieu par juste ou injuste ? Supposons comme lui une société d'hommes possibles :

1. *Esprit des Lois*, I, 2.

cette société étant un composé de parties doit subsister par l'accord des parties. Nous avons ainsi l'idée de justice privée ou individuelle qu'exprime la maxime qu'il faut rendre à chacun ce qui lui est dû ; cette maxime n'exprime pas autre chose que la concordance des rapports qui découlent de chaque action d'un particulier avec les actions du voisin. Le droit privé se fondera donc sur la connaissance des différents cas où se peuvent mettre les particuliers les uns par rapport aux autres. Cette connaissance aide à déterminer ce qu'il convient à chacun de faire ou de ne pas faire pour que les besoins essentiels à l'existence de l'un ou de l'autre soient assurés.

Supposons maintenant un corps social constitué avec tous ses organes ; il y a entre la collectivité et les individus, comme tout à l'heure entre les particuliers, un état d'équilibre stable qui résulte de la satisfaction des besoins essentiels à la nature de la société et à celle des individus : cet état d'équilibre sera la justice et l'acte juste sera celui par lequel on procurera cet état. En dernière analyse, la justice pour Montesquieu est donc la convenance de l'acte avec les rapports auquel il doit satisfaire. Il va sans dire que cette convenance peut se concevoir en soi, idéalement pour ainsi dire, comme l'attribut essentiel de l'acte appelé juste. Les rapports de justice sont donc possibles toujours en eux-mêmes, indépendamment de toute réalité et antérieurement à toute vie sociale, puisqu'il s'agit pour les comprendre, de concevoir l'idée de convenance qui peut s'appliquer à tous les rapports possibles et non pas uniquement aux seuls rapports sociaux.

Appliquée même aux rapports sociaux, cette convenance ne réside pas toute entière dans les lois positives. Ces lois, qui sont l'œuvre de la raison humaine, s'exerçant sur des cas particuliers, s'efforcent bien de réaliser telle convenance qui est proprement la justice, mais sans y atteindre toujours, parce qu'elles ne perçoivent pas, dans tous les cas, les rapports essentiels qu'elles doivent régler, ou que, tout en les percevant, de multiples contingences, tenant au caractère et aux passions des hommes, viennent en modifier à tout instant l'ordre absolu.

La science du législateur sera de connaître ces rapports essentiels et toutes les causes secondes qui peuvent en modifier l'aspect ; son art sera d'y conformer les lois qu'il élaborera. De même, la science du jurisconsulte sera d'apprécier ces mêmes rapports et ces mêmes causes secondes pour pouvoir comparer à cet état normal et réel, celui qu'établissent les lois positives, et son art sera l'habileté avec laquelle il saura faire cette comparaison.

Si donc, nous considérons les rapports de l'État et des individus dans une société quelconque, la justice idéale et supérieure demande qu'ils soient réglés de manière à ce que le gouvernement réponde aux exigences de sa nature qui est d'établir à son profit une prééminence utile à la perpétuité de la vie sociale et de manière à ce qu'aussi l'individu puisse satisfaire les besoins qui lui sont propres. Dans l'absolu, où se place Spinoza, ces besoins de l'individu se réduisent à la pensée libre dont l'exercice est précisément ce qui le distingue et le désintègre pour ainsi dire de la société qui lui assure d'autre part son existence matérielle.

Dans la société que considère Montesquieu, l'individu ne peut vivre sans un domaine matériel absolument nécessaire à son existence corporelle et c'est sur la conservation de ce domaine que reposent tous les droits qu'il peut réclamer.

C'est un fait certain, en effet, que les sociétés humaines que nous connaissons, et dans l'état où nous les voyons parvenues, ont pour fondement la propriété individuelle et qu'elles sont toutes organisées pour la conserver. Montesquieu affirme fort justement que la propriété est mère de tout. C'est que toute la vie des individus est, dans l'état actuel des choses, suspendue à la propriété comme la vie du corps à la circulation ou à la respiration. C'est sur elle que se fonde le développement de la famille ; c'est pour l'acquérir et la conserver que l'homme met en jeu toutes ses énergies, qu'il loue son travail et ses services, qu'il achète, qu'il vend, qu'il contracte et s'oblige. Après la liberté de pensée, la liberté et la sûreté dans la possession de la propriété est le droit le plus essentiel de

l'individu au regard de l'Etat : tous les autres droits
dérivent de celui-là. Sans remonter jusqu'à Aristote
qui affirme que l'homme a deux grands mobiles de
sollicitude et d'amour : la propriété et les affections,
nous voyons Bodin repousser la communauté au nom
de l'amour qui attache l'homme à lui-même et à ses
biens. Au xviiᵉ siècle, tous les économistes affirment
avec force l'importance sociale de la propriété. Leur
opinion est assez bien représentée par ces paroles de
Mercier de la Rivière : « Vivre en société c'est connaître et pratiquer les lois naturelles et fondamentales
de la société pour se procurer les avantages attachés
à leur observation... Propriété, sûreté, liberté, voilà
l'ordre social dans son entier; vous pouvez regarder
ce droit de propriété comme un arbre dont toutes les
institutions sont les branches qu'il pousse de lui-
même, qu'il nourrit et qui périraient dès qu'elles en
seraient détachées » (1).

Mais en plus des avantages matériels de vie que la
propriété seule peut assurer aux individus dans l'état
actuel des choses, l'acquisition et la conservation de la
propriété produisent un effet moral non moins important. En assurant à l'individu une région distincte et
limitée où il peut en toute indépendance affirmer sans
entraves son activité volontaire, la propriété développe

---

1. Mercier de la Rivière, *Ordre naturel et essentiel des sociétés
politiques,* collection Guillaumin, pp. 607-608.

chez l'individu de facultés moyennes et peu apte aux
seules jouissances de la pensée, le sentiment d'un moi
particulier et indépendant qui aussitôt perçu, tend à se
développer de toute sa puissance. Les philosophes se
mettant alors de la partie réclamèrent la liberté politique et civile au nom du droit naturel de l'individu,
sans songer que sauf le droit à la pensée libre, qui est
l'essence même de l'homme, aucun des autres droits ne
peut se légitimer autrement que par des convenances
sociales. C'est seulement aussi en fonction de ces
convenances sociales que Montesquieu les établit.

En cela il est beaucoup moins absolu qu'on se plaît
à l'imaginer, et si l'on a voulu voir en lui un des
ancêtres de la déclaration des droits de l'homme et du
citoyen, il me semble que c'est parce que l'on s'en est
tenu un peu trop aux apparences extérieures. Les
philosophes qui ont rédigé en effet cette fameuse
déclaration concevaient un être idéal et abstrait, à la
nature de qui étaient inhérents les droits qu'ils proclamaient, si bien qu'on ne saurait pas plus les lui dénier
qu'on ne peut lui dénier sa nature. Montesquieu est
loin d'être aussi catégorique.

S'il proclame ces droits, en effet, ce n'est pas en
considération de la nature propre de l'individu, mais
en fonction des conditions essentielles d'existence
qu'il trouve dans la vie sociale telle qu'elle est constituée. Imaginons un instant que les conditions primor-
diales et fondamentales de notre vie sociale viennent

à changer et que la propriété individuelle qui en forme le substratum vienne à disparaître, un des termes du problème étant changé, tous les autres le seront aussi et certains de ces droits, dont l'individu peut se réclamer légitimement aujourd'hui comme de sa plus noble conquête, n'existeront plus.

On pourrait se demander, il est vrai, si le droit de propriété n'est pas comme le droit de penser libre un droit inhérent à la nature de l'individu et que rien par conséquent ne saurait proscrire. Il ne nous appartient pas de discuter cette grave question. Remarquons seulement que la pensée est une partie essentielle de l'être humain, tandis que la propriété est une acquisition extérieure. Mais, dira-t-on, la volonté fait aussi partie intégrante de la nature humaine, et la propriété d'une chose dont on peut disposer à sa fantaisie est le seul moyen d'exercer sans entraves cette volonté qui nous est naturelle ; donc, la propriété nécessaire à l'exercice d'une faculté naturelle et essentielle se trouve par là même, pareillement essentielle à la nature de l'homme en soi. On pourrait répondre à cela, que l'acte volontaire peut s'exercer sur bien d'autres objets que sur des objets extérieurs dont la libre disposition soit requise. Ne lui offrons-nous pas nous-mêmes une matière suffisante en tout ce qui concerne notre activité intellectuelle et morale. Comme le remarque Spinoza, il n'y a que l'acte intellectuel dont la liberté soit essentielle à la nature humaine, à condition bien entendu qu'elle trouve par ailleurs toutes les conditions nécessaires à son existence matérielle.

Dans l'état actuel au moins, ces droits sont bien réels car ils sont l'expression du besoin le plus immédiat de l'individu, qui est d'être assuré dans la libre possession des biens meubles et immeubles d'où il tire sa subsistance et celle des siens. Tous les autres droits dérivent de celui-là. Comment serait-il en effet assuré dans cette possession, si, par ailleurs, l'autorité pouvait arbitrairement confisquer sa liberté personnelle, l'emprisonner sous un prétexte quelconque ou l'accabler de peines sans proportion avec ses fautes? Comment, d'autre part, pourrait-il jouir en sécurité de cette liberté dans la propriété de ses biens et la disposition de sa personne, si le jeu de la constitution ne lui offre pas contre l'arbitraire des garanties qui mettent l'exercice de ces droits hors de l'atteinte du caprice du souverain, quel qu'il soit : prince, peuple ou corps de nobles.

Ainsi se fondent sur la logique même des choses les droits essentiels de l'individu au regard de ceux de l'Etat. Ainsi s'établissent pour l'individu des libertés correspondant à ces droits. Ces libertés sont en premier lieu la liberté politique, garantie de toutes les autres ou, pour employer le langage de Montesquieu la liberté du citoyen dans ses rapports avec la constitution : en second lieu, la liberté personnelle qui se traduit surtout dans les rapports du citoyen avec la

forme des accusations, des jugements et des peines ;
en troisième et dernier lieu, la liberté dans la possession des biens à laquelle concourent évidemment les
précédentes, mais qui se manifeste d'une manière plus
précise encore dans les rapports du citoyen avec la
nécessité de lever les impôts. C'est par l'impôt en effet
que l'Etat peut avoir le plus de prise sur la propriété
individuelle et il est même des cas où ses exigences
exagérées pourraient aller jusqu'à l'anéantir complètement.

Cependant si ces libertés sont absolument essentielles en droit pour l'individu conscient de sa personnalité et résolu à la défendre contre toute atteinte,
elles ne le sont en fait, que dans la mesure du prix
qu'il y attache. Là encore, il n'y a rien d'absolu et il
y a bien des manières pour l'individu d'être libre.
Montesquieu insiste particulièrement sur ce point. En
politique, en effet, il ne peut s'agir de la liberté
philosophique. La liberté compatible avec l'ordre
social est une liberté d'opinion beaucoup plus encore
que de fait. On se croit libre bien plus qu'on ne l'est
réellement : « La liberté philosophique, dit-il, consiste
dans l'exercice de sa volonté ou du moins (s'il faut
parler dans tous les systèmes) dans l'opinion où l'on
est que l'on exerce sa volonté. La liberté politique
consiste dans la sûreté ou du moins dans l'opinion que
'on a de sa sûreté » (1). Un prisonnier peut se dire

1. *Esprit des lois*, XIII, 2.

libre s'il ne connaît pas le monde extérieur et s'il a
conscience que dans l'ordre naturel des choses qu'il
est accoutumé à percevoir, rien ne viendra rétrécir
les limites de l'étroit espace dans lequel il se meut.
Or le citoyen aura cette conscience si, d'une part, la
toute-puissance de la loi le protège contre l'arbitraire,
et si, d'autre part, ses désirs et ses passions ne viennent pas troubler l'harmonie des rapports naturels de
son existence individuelle et collective.

Dans son discours sur l'histoire universelle, Bossuet
disait déjà : « Sous ce nom de liberté, les Romains se
figuraient avec les Grecs un État où personne ne fut
sujet que de la loi et où la loi fut plus puissante que
les hommes ». Montesquieu souscrivait volontiers à
cette parole.

De même que la liberté de l'homme prédispose à la
liberté du citoyen (*E. d. L.* XVIII, 14) de même c'est
la puissance de la loi qui garantit la liberté du citoyen,
à condition toutefois que la loi soit fondée sur quelque
chose de relativement immuable et qui se trouve en
dehors de l'atteinte même des hommes, c'est-à-dire si
elle est l'expression des rapports qui dérivent de la
nature des choses : « C'est le triomphe de la liberté,
dit Montesquieu, à propos des lois criminelles (*E. d.
L.* XII, 4) lorsque les lois criminelles tirent chaque
peine de la nature particulière du crime. Tout l'arbitraire cesse, la peine ne descend pas du caprice du
législateur, mais de la nature de la chose ». L'homme

qui s'insurge assez facilement contre une autorité impérative venant d'un autre homme, ne se révolte pas contre la nature des choses si dures que soient parfois ses lois. Il se contente aisément sur ce point de l'illusion ; pourvu qu'il s'imagine agir librement il est content, et souvent c'est lorsqu'il proclame les lois naturelles qui l'obligent, qu'il se croit le plus libre. C'est pourquoi Montesquieu définit la liberté plus profondément que ses devanciers lorsqu'il proclame que la liberté politique ne consiste pas à faire ce que l'on veut, « mais à pouvoir faire ce que l'on doit vouloir et à n'être pas contraint à faire ce qu'on ne doit pas vouloir ». Idée qu'il reprend plus loin (*E. d. L.* XXVI, **20**) pour distinguer le prince du citoyen : « La liberté consiste principalement à ne pouvoir être forcé à faire une chose que la loi n'ordonne pas et on n'est dans cet état que parce qu'on est gouverné par des lois civiles : nous sommes donc libres parce que nous vivons sous des lois civiles..... les princes qui ne vivent point entre eux sous les lois civiles ne sont point libres : ils sont gouvernés par la force, ils peuvent continuellement forcer et être forcés ».

Mais que doit-on vouloir ? La réponse est facile : on ne doit rien vouloir en dehors de la satisfaction des rapports essentiels nécessaires à la permanence et à la conservation de la vie sociale, c'est-à-dire rien en dehors de ce que consacre la loi, qui, si on la suppos parfaite, exprime ces rapports d'une façon adéquate.

La liberté se trouve donc résider en dernière analyse dans la conscience que l'homme a de sa dépendance. On conçoit alors que les droits et les libertés
particulières dont il peut exiger la garantie soient en
relation étroite avec la conscience plus ou moins nette
qu'il a des rapports essentiels à sa vie, à son existence
dans un état social donné, et c'est ici qu'intervient
l'élément psychologique qui modifie l'importance qu'il
peut donner à la recherche et à l'acquisition de ces
droits et de ces libertés.

Montesquieu n'oublie pas, et c'est là son originalité,
qu'en politique on a toujours affaire à des hommes,
c'est-à-dire à des êtres chez lesquels le sentiment et la
passion ont souvent beaucoup plus de force que la
raison. Les trois libertés fondamentales que nous
venons de passer en revue avec lui sont établies en
raison d'après la constatation de la nature des choses
de la vie sociale et des besoins de l'individu dans les
conditions de vie où il est placé. Or, en étudiant les
gouvernements, nous avons reconnu la présence d'un
principe actif qui détermine à la fois sa manière d'agir
et celle des citoyens qui l'ont adopté. Ce principe est
d'ordre absolument sentimental en ce qu'il fait appel
à la passion. Ce sentiment, assez vif et assez fort pour
servir comme de ciment aux parties qui composent le
corps social, influera nécessairement sur l'opinion que
les individus pourront y avoir de leurs droits et de la

nécessité de les satisfaire. Là, tout cédera devant la conviction d'une grande œuvre politique ou économique à accomplir, de sorte que la grandeur du but poursuivi fera oublier toutes les entraves à la liberté et bien des atteintes à la propriété ou à la fortune. Ici, on fera bon marché des convenances individuelles pour l'honneur et la gloire que l'on attend de l'Etat, directeur et inspirateur de la collectivité. Ailleurs, dominera au contraire le souci d'établir dans l'Etat toute une série de garanties sûres à l'usage de l'individu. « Quoique tous les Etats aient en général un même objet, dit Montesquieu (E. d. L. XI, 5) qui est de se maintenir, chaque Etat en a pourtant un qui lui est particulier. L'agrandissement était l'objet de Rome, la guerre celui de Lacédémone, la religion celui des lois judaïques, le commerce celui de Marseille, la tranquillité publique celui des lois de la Chine, la navigation celui des lois des Rhodiens, la liberté naturelle celui de la police des sauvages, en général, les délices du prince, celui des Etats despotiques ; la gloire et celle de l'Etat, celui des monarchies ; l'indépendance de chaque particulier est l'objet des lois de Pologne, et ce qui en résulte est l'oppression de tous. Il y a aussi une nation dans le monde qui a pour objet direct de sa constitution, la liberté politique ».

Cet Etat, c'est l'Angleterre, dont Montesquieu analyse la constitution dans la première partie du livre XI (ch. VI). Mais après en avoir montré tous les avantages à ce point de vue particulier, il ajoute, en terminant le chapitre : « Je ne prétends point par là ravaler les autres gouvernements, ni dire que cette liberté politique extrême doive modifier ceux qui n'en ont qu'une modérée. Comment dirais-je cela, moi qui crois que l'excès même de la raison n'est pas toujours désirable et que les hommes s'accommodent presque toujours mieux des milieux que des extrémités ».

Il ne faut donc pas prendre dans l'œuvre de Montesquieu la théorie de la constitution anglaise comme l'expression de ce qu'il considère comme le meilleur gouvernement en soi. Il n'y en a pas pour Montesquieu, et c'est un principe qu'il pose au début même de l'*Esprit des Lois* (I, 3) : « Il vaut mieux dire que le gouvernement le plus conforme à la nature est celui dont la disposition particulière se rapporte mieux à la disposition du peuple pour lequel il est établi ». La constitution anglaise est donc le meilleur gouvernement pour le peuple qui met la conquête des droits individuels au-dessus de tout. De même, à Rome, dont Montesquieu, dans ce même livre XI, étudie la vie politique (ch. XIV à XIX) la constitution s'organisa peu à peu de manière à constituer un équilibre stable, non plus entre les droits naturels de l'individu et ceux de l'État, mais entre les classes composant le peuple, qui se disputaient la prééminence dans l'État. Il faut noter d'ailleurs qu'à Rome, au moins dans la période primitive et jusqu'au temps de l'Empire, l'individu n'avait pour ainsi dire pas d'existence propre en dehors de la famille qui l'enfermait dans son cercle étroit.

Chez les peuples où existe un vif sentiment d'action collective, ce sentiment prime celui de la liberté. Il suffit que le mécanisme politique assure à l'individu un minimum de sécurité. Peu importent alors les moyens employés, pourvu qu'ils soient en rapport avec le caractère général du peuple et ses tendances historiques.

Ainsi, Montesquieu, fidèle à la méthode qui est d'arriver à atteindre la réalité par une série d'approximations successives, sait atténuer par l'étude des caractères et l'étude de chaque peuple, ce qu'il peut y avoir de trop absolu dans les théories générales que lui suggère la seule raison. On voit donc combien Montesquieu est loin des philosophes de la révolution et comme ce serait mal le comprendre que de vouloir isoler l'une quelconque de ses affirmations de l'ensemble de tout son ouvrage. On saisit alors aussi pourquoi Montesquieu proclame si haut qu'il est l'apôtre de la modération et qu'il n'a composé son livre que pour en prouver la nécessité. Les théories les plus absolues, en effet, doivent toujours, bon gré mal gré, finir par se plier à la nature des choses qui leur apporte des tempéraments variés, sans pour cela briser l'unité fondamentale des rapports sociaux. Ces tempéraments variés, au contraire, ne font qu'en maintenir l'économie, en établissant entre eux l'équilibre nécessaire que

demande chaque cas particulier. Et cela c'est précisément de la modération au sens étymologique du mot.
La modération résulte encore de l'action des influences historiques auxquelles Montesquieu montre qu'il
est nécessaire de remonter jusque dans le passé le
plus lointain, afin de mieux éclairer le présent. On se
rend compte qu'aucun changement ne se produit avec
violence, que les traditions ne se rompent point sur le
coup, mais peu à peu, à mesure que se modifie l'état
des esprits et des mœurs. Si on veut les violenter, on
le peut sans doute, sous l'effet d'un entraînement pas-
sager, mais le changement ainsi produit est de peu de
durée et les rapports anciens réapparaissent bientôt.
Ce n'est qu'au bout d'un assez long temps que les
semences jetées lors du premier ébranlement viennent
à produire leurs fruits, encore est-ce lorsque l'état
social entrevu par les premiers théoriciens, vient à
passer complètement dans l'ordre des faits. Montesquieu ne perd jamais de vue cette modération nécessaire, parce qu'elle est dans la nature même de la
vie, et c'est pour cela qu'il se garde bien de donner
des modèles absolus. Il prétend seulement fournir des
indications, proposer une marche à suivre, établir les
fondements d'une méthode d'organisation sociale,
appropriée aux circonstances. Même en ce qui concerne l'Angleterre, il insinue que si les lois sont assez
bien équilibrées pour assurer pleinement la liberté
politique, l'effet ne répond peut être pas au bon vou-

loir qu'elles témoignent : « Ce n'est point à moi à examiner si les Anglais jouissent actuellement de cette
liberté ou non : il me suffit de dire qu'elle est établie
par leurs lois et je n'en cherche pas davantage ».
(*E. d. L.*, XI, 6, *in fine*).

Ce qui importe, en effet, ce n'est point que le mécanisme constitutionnel soit toujours et partout identique
à lui-même, c'est surtout qu'il y en ait de telle façon
que le salut de l'Etat ne dépende point comme dit Spinoza (*Traité politique*, I, 6) de la seule honnêteté d'un
individu, mais au contraire « que les affaires publiques
y soient ordonnées de telle sorte que ceux qui les
manient, soit que la raison, soit que la passion les fasse
agir, ne puissent être tentés d'être de mauvaise foi et
de mal faire ».

Partant de ce principe, Spinoza après avoir établi
les fondements du droit de l'individu et du droit de
l'Etat, recherche comment la monarchie, l'aristocratie
et la démocratie peuvent être organisées conformément aux exigences de leur nature particulière, et de
manière à offrir le maximum de garantie. Mais les
constructions politiques qu'il imagine de toutes pièces
et auxquelles ressemblent beaucoup les projets consti-
tutionnels de Siéyès (1) laissent de côté les deux facteurs essentiels de l'organisation politique dans la pen-

1. Pariset : Siéyès et Spinoza. *Revue de synthèse historique*,
juin, 1906.

sée de Montesquieu : les tendances psychologiques particulières à chaque peuple, l'évolution historique qui pour chacun d'eux a précédé l'état actuel. Le seul principe d'une application universelle admis par Montesquieu, est celui qu'expriment les mots fameux « le pouvoir arrête le pouvoir ». Nous en avons vu la genèse et comment il dérive de la conception qu'a Montesquieu de la loi de nature des êtres et des choses ainsi que de la loi de leurs rapports. Pour éviter tout arbitraire et tout excès de force, il est indiqué par la nature des choses d'affecter à différentes personnes ou à différents corps les pouvoirs entre lesquels se partage l'exercice de l'autorité afin de les balancer les uns par les autres. Cependant, Montesquieu ne considère pas comme absolument nécessaire à la garantie de la liberté et à la sécurité de l'individu que ces pouvoirs soient toujours et partout complètement distincts. Du moment que le pouvoir judiciaire est mis délibérément à part de manière à ne pouvoir être contraint par les autres, il est assez indifférent que le pouvoir législatif soit confondu avec l'exécutif. Cela se comprend, car le pouvoir judiciaire est celui qui détient l'exercice des sanctions de la loi ; or, pour parler comme Montesquieu, tout est perdu si celui qui fait la loi ou celui qui administre peuvent disposer librement des sanctions de la loi. Dans le premier cas, le juge serait législateur, dans le second, il serait oppresseur. La réunion du législatif et de l'exécutif peut faire craindre, il est vrai, qu'on ne fasse des lois tyranniques pour les exercer tyranniquement ; mais si le pouvoir judiciaire est conscient de sa mission et assez indépendant pour exercer ses droits, il saura arrêter l'exécution tyrannique des lois, en ne donnant point de sanction aux résistances du citoyen dont il aurait à connaître.

Si donc, en principe, on peut concevoir un mécanisme, réalisé d'ailleurs, quoique par des moyens différents dans l'Angleterre moderne et dans la Rome antique, mécanisme qui garantisse à l'individu l'exercice le plus large de sa liberté et de ses droits pour le cas où il considérerait cet exercice comme le souverain bien de la vie sociale, Montesquieu établit aussi une sorte d'échelle de la liberté suivant l'intérêt qu'y attachent les hommes. Cette échelle s'étend du maximum de garantie au minimum nécessaire pour que l'individu sollicité d'autre côté par d'autres passions, puisse tout de même satisfaire aux besoins essentiels de sa condition et demeure efficacement protégé. Si la constitution anglaise répond assez bien au premier type, la monarchie française traditionnelle représente tout à fait le second.

IV

Après le grand bouleversement social causé par les invasions des barbares et poursuivi pendant cinq siècles avec des alternatives d'ordre et de désordre, le droit romain, si intimement lié à l'esprit et aux tendances du peuple qui l'avait construit, disparut avec l'état social même dont il tirait sa force et sa cohésion. Il n'en subsiste d'une manière éparse que quelques pratiques coutumières, souvenir lointain d'un âge ancien, ou quelques axiomes généraux qu'avaient préservés l'idée morale sur laquelle ils se fondaient.

Les lois elles-mêmes que les barbares avaient apportées avec eux, codifiées au début sous l'influence encore vive du grand ordre romain et avec le désir d'y atteindre, finirent aussi par disparaître dans la ruine de l'ordre politique tenté par les premiers rois germains établis dans l'Empire et réalisé un instant par Charlemagne. Elles aussi ne survécurent qu'à l'état de tradition et de coutume locale, pour régler les

rapports individuels les plus usuels dérivés des biens
de famille ou des obligations contractuelles.

Dans ces conditions, la science du droit se réduisait
à la pratique des formules et à la connaissance des
coutumes, s'il s'agissait du droit civil ; à l'application
des règles grossières du duel judiciaire ou des ordalies,
s'il s'agissait du droit criminel, ou même de reconnaître des torts et de désigner des coupables qu'on était
impuissant à déterminer par raison.

On ne peut donc pas dire que ce fût là de la science.
Toute science doit remonter à des principes et faire
en sorte que l'objet de nos connaissances ne reste pas
fragmentaire, mais soit au contraire lié par un enchaînement logique qui satisfasse l'intelligence.

Or, dans ce haut moyen âge, on ne considérait d'une
part que des faits et d'autre part que des règles,
règles transmises par la seule tradition, dont l'origine
demeurait inconnue, que l'on appliquait parce que les
ancêtres faisaient ainsi, mais en réalité issues de tous
les points de l'horizon, conservant le souvenir d'un
état social différent et corrigées parfois malhabilement
dans certains détails pour mieux s'accorder avec l'état
présent des rapports sociaux. Il aurait fallu débrouiller
ce chaos, mais qui le pouvait, et qui s'en souciait ?

Ce n'étaient assurément pas les seigneurs féodaux,
plus courageux guerriers que grands jurisconsultes. Ce
n'étaient pas non plus les hommes libres appelés dans
certaines causes à former l'assemblée des pairs.

Deux choses tenaient lieu de la sûreté que donne dans l'application de la justice la connaissance de l'esprit des lois et des principes sur lesquels elles se fondent : d'une part, l'autorité de la tradition, d'autre part, l'ingénieuse subtilité que l'on introduisit dans la procédure. Des prescriptions matérielles minutieuses remédiaient en effet au défaut de direction que ceux qui appliquent le droit puisent ordinairement dans les idées générales et dans les principes, quelle qu'en soit d'ailleurs leur valeur au point de vue philosophique. On peut se rendre aisément compte de ce fait par l'ensemble compliqué des règles qui régissaient le duel judiciaire et dont l'objet précisément était d'assurer les conditions de combat les plus impartiales et les plus justes. Il en est ainsi dans toute législation qui se développe sous l'influence de la coutume et au gré des circonstances locales : la loi disparaît derrière la forme de procédure nécessaire pour obtenir le droit. L'Angleterre par exemple qui est le pays dans lequel le droit, même écrit, est resté presque complètement esclave de la tradition et de la coutume, est aussi le pays où les formes procédurières sont encore les plus compliquées et les plus strictes.

Au moyen âge, c'est dans les cours d'Église, seulement, que s'étaient conservées quelques préoccupations moins terre à terre. Là, les lois en effet, étaient toujours rapportées à des principes. Mais ces principes étaient fondés sur la théologie et sur les lois de la reli-

gion qui paraissaient alors indubitablement à tout le
monde le modèle des lois humaines et l'idéal que les
sociétés devaient tendre à réaliser.

Appuyée sur ces principes qui montraient, comme
émanés de Dieu, toutes les idées, tous les sentiments
de justice, de liberté, d'égalité entre tous les hommes ;
— fortifiée par son organisation savante qui lui donnait
tant de prise sur les êtres et les caractères, comment
l'Eglise seule force alors consciente d'elle-même, en
fait et en esprit, ne devait-elle pas agir sur la vie
politique et civile ! Si elle est l'image de la société de
Dieu et des créatures, c'est sur elle que doit se modeler la société laïque dans son gouvernement politique,
aussi bien que dans son gouvernement civil. Aussi
est-ce à elle que les rois s'adressent pour fonder
leur puissance sur des principes au-dessus de toute
discussion.

C'est l'Église aussi qui rappelle aux princes leurs
devoirs de charité et de justice envers leurs sujets.
C'est au nom de ces mêmes devoirs de justice et de
charité, et parce qu'elle prépare la bonne mort, qu'elle
intervient dans les testaments et établit des règles de
droits successoral en rapport avec cet esprit. C'est
encore parce qu'elle guide et prépare la vie selon la
loi de Dieu qu'elle intervient dans le droit matrimonial,
fondement de la famille dans laquelle doit se perpétuer le règne de Dieu. Enfin, c'est comme représentant
un Dieu de bonté et d'amour, qu'elle prétendit régler

Oudin   7

les rapports d'intérêts entre les hommes et intervenir
dans leurs transactions commerciales en interdisant le
prêt à intérêt.

Tous ces rapports qui dans les sociétés antiques
étaient réglés seulement par la considération des intérêts purement humains de l'individu ou de la société,
changèrent donc de nature sous l'influence de l'Eglise
et du renouvellement moral qu'elle apportait avec
elle.

Ainsi, d'un côté, l'absence de toute législation écrite,
avait, au début du développement des sociétés occidentales mêlé le droit qui les régissait d'éléments hété-
rogènes que l'on conservait traditionnellement comme
une survivance des anciennes lois barbares et romaines, ou que les nécessités du présent avaient intro-
duites, en conformité avec l'état social actuel. Dans
l'un ou l'autre cas, c'était une confusion de règles contradictoires, parce qu'on avait perdu tout souvenir de
l'origine lointaine de ces lois et que nul historien du
droit ne se préoccupait de la rechercher. D'autre part,
le christianisme et surtout l'Eglise, avaient imprimé,
quoiqu'à des degrés très inégaux et très mêlés, la
marque profonde de l'Evangile sur le droit politique et
sur le droit civil dont les principes relevaient, non
plus de nécessités vitales purement humaines, mais
de l'idéal divin qu'exprimaient les Ecritures et dont
l'Eglise avait la garde.

La forme de ces principes, appuyés sur la religion

et sur la morale, implantés dans les cœurs par l'influence prépondérante de l'Eglise fut longtemps invincible et domina pendant de longs siècles la conception sociale des esprits les plus éclairés, jusqu'à faire pour Domat, qui écrivait à la fin du XVIIe siècle, le fond de tout ordre politique et de toute création juridique.

Cependant, il n'y a point dans ce monde que des sociétés chrétiennes. Sur quelles idées se fondait donc la législation des nations antiques qui n'avaient point connu la parole divine? A quels principes remontaient les sociétés encore païennes? Chez les unes et les autres, il fallait bien que les hommes eussent trouvé dans leurs intérêts purement matériels et temporels les éléments de l'ordre qui avait permis à leurs sociétés de vivre! A côté de l'idéal supérieur proposé par l'Eglise, il y avait donc une organisation sociale possible fondée uniquement sur la raison humaine.

Du jour où la raison laïque s'essaierait à faire œuvre juridique en dehors de l'Eglise la coexistence de ces deux conceptions diamétralement opposées devait forcément engendrer la confusion. Tant que les sociétés occidentales resteraient en effet soumises à l'idéal de l'Eglise, il ne pouvait y avoir de confusion, tout le monde étant d'accord pour rechercher et établir dans le même sens l'ordre social.

Malheureusement, cet accord ne dura pas longtemps; de bonne heure, l'Etat secoua le joug de l'Eglise et bientôt l'introduction en Occident du droit de Justinien, la découverte des ouvrages d'Aristote et des philosophes grecs, vinrent donner aux esprits éclairés l'occasion de se libérer. Comme les ambitions du pouvoir civil, l'enthousiasme à la fois érudit et ingénu des premiers commentateurs des anciens devait avoir la plus dangereuse répercussion sur la solidarité des principes sociaux et la vitalité des axiomes juridiques dont l'Occident chrétien était redevable à l'Eglise.

Si dans certains Etats, l'Eglise était demeurée prépondérante, dans d'autres, à cause des relations continuelles que lui imposait avec le pouvoir civil son existence temporelle à part, elle s'était développée à côté de l'Etat et elle vivait avec l'autorité sur un pied de transaction qui lui laissait la pleine juridiction spirituelle, tout en se soumettant pour le temporel au pouvoir politique. Ailleurs, l'Etat l'avait entièrement dominée, se l'était incorporée pour ainsi dire et renversant les rôles primitifs, il la faisait servir à ses propres fins. Cependant, nulle part l'Eglise n'avait abandonné les principes qui lui étaient chers et la conséquence la plus immédiate de ce combat d'influence aboutissant à des traitements si divers, fut que les principes directeurs de la société purement laïque se faisant jour à côté de l'ancienne discipline de l'Eglise imposée au nom de l'Ecriture et parfois arrivant à les dominer, on mélangea dans la pratique au gré des intérêts en jeu, mais au plus grand dommage de la saine logique, toutes les notions juridiques et tous les principes.

Il semble au premier abord que l'Eglise eut dû se réjouir de cette confusion qui, servie par la puissance réelle qu'elle conservait encore, semblait lui assurer dans toutes les grandes questions de la vie humaine la prépondérance spirituelle. En réalité, le fait même que d'autres principes que les siens aient pu prévaloir en matière politique et civile, était un symptôme dangereux pour les principes qu'elle proclamait, tant au nom des Ecritures que pour satisfaire son goût particulier de domination.

A mesure en effet que l'Etat s'organisera davantage en dehors de l'Eglise, les jurisconsultes connaissant enfin une société laïque indépendante s'efforceront de dissiper cette confusion de principes favorables à l'influence de l'Eglise, mais fort dangereuse pour le plein développement de la société nouvelle. Leurs raisonnements, d'abord réservés uniquement aux questions de politique, s'étendront bientôt aux matières d'ordre civil. Des deux parts, ils s'efforceront d'établir la raison à la place du sentiment et d'accorder les deux aspects de la vie sociale en montrant sur la vie politique comme sur la vie sociale, l'égale et la seule influence des nécessités matérielles et humaines d'organisation sociale, à l'exclusion de toutes causes étrangères à la nature même des choses.

Entre les deux tendances, la lutte fut longue et acharnée. Menée avec vigueur au XVIe siècle par de libres esprits comme Bodin ; reprise avec méthode par

Montesquieu au xviii°, c'est à peine si de nos jours nous la voyons terminée par le triomphe présent de l'esprit positif.

A l'époque où écrivait Montesquieu, la position de l'Eglise demeurait très forte. Non seulement, il y avait encore un grand nombre de croyants fervents, mais de plus, l'Eglise conservait une juridiction particulière dans laquelle naturellement l'esprit des lois était l'esprit de l'Eglise. Ajoutez à cela que l'éducation de la jeunesse était toute entière entre ses mains. Si dans la pratique, la soumission était moins absolue qu'autrefois, si le rêve de théocratie universelle qu'elle avait un instant caressé s'était définitivement évanoui devant la rudesse que les gouvernements, et en particulier le gouvernement de la France, avaient mis à faire respecter leur droit, en réalité, l'Etat n'avait politiquement asservi l'Eglise qu'en lui prêtant, pour l'aider dans son œuvre morale, tout le secours de sa force, et jamais les lois de la religion et les principes du droit canonique n'avaient pesé plus lourdement sur la liberté de la science juridique et sur l'esprit des lois positives.

A côté de la confusion des coutumes, où aucun système ne pouvait se découvrir; à côté de la confusion introduite dans les principes de droit politique et civil par l'influence de l'Eglise imbue d'un idéal étranger à la terre, nous trouvons encore une autre cause de confusion dans le développement qu'avait pris le droit romain sous l'impression de la découverte de Justinien.

D'abord, il semble que l'étude de ce droit, surgissant en plein moyen âge comme la raison écrite, allait, en détournant les esprits de la grossièreté des coutumes ou de la minutie des procédures, contribuer à créer sur des principes sérieux, une science du droit robuste et saine, également éloignée de l'opportunisme terre à terre du droit coutumier et de l'idéal surhumain de perfection auquel tendaient les principes du droit canonique. Et, en effet, c'est bien ainsi que le comprirent les premiers commentateurs qui s'adonnèrent avec enthousiasme à l'étude du droit romain. Ils y reconnaissaient la puissance constructive de la raison humaine appliquée à une société constituée uniquement pour elle-même et vivant pour elle-même, dans laquelle les lois ne regardent point autre chose que les intérêts pratiquement mis en jeu. Ils y trouvaient l'organisation d'un gouvernement très fort, servi par une administration habilement développée pour faire tout converger vers lui à l'exclusion de tous les intérêts autres que ceux de l'État. En un mot, ils y découvraient un modèle dont la belle ordonnance contrastait heureusement avec l'incohérence des coutumes, en même temps qu'une conception juridique dont les principes s'appliquaient plus étroitement et avec moins d'effort aux intérêts politiques de la vie commune des hommes en société. Aussi cette renaissance du droit romain marquait pour la science politique et pour la science juridique proprement dite le point de départ d'une émancipation de la pensée. Cela ne pouvait que servir la cause de la logique et de la raison et c'est bien ainsi que l'envisage l'Eglise dès le premier moment, puisque le pape Honorius III fit en **1220** défense d'enseigner la science nouvelle dans les universités et en particulier dans l'Université de Paris qui était considérée comme la forteresse et le sanctuaire de la pure doctrine ecclésiastique.

Cependant, malgré ce qu'il y avait en elles de favorable à l'essor de la pensée libre, les études de droit romain contribuèrent avec le temps à augmenter la confusion qui existait déjà dans les principes juridiques, par le fait de la coexistence des coutumes de droit féodal et de droit canonique pour régler les mêmes objets.

En effet, d'une part, à cause du respect même que l'on attribuait à ces textes, ils finirent par pétrifier la science juridique en la confinant dans la discussion puérile de subtilités grammaticales, en l'accablant sous le poids de commentaires qui dérobaient au jurisconsulte la réalité vivante dont seule il doit s'inspirer. Comme tout le monde avait fini par subir obligatoirement cette fausse préparation, on conçoit l'esprit que pouvaient apporter à l'étude du droit vivant les jurisconsultes qu'elle avait formés. Et l'on comprend la raison des invectives des Bodin, des Beaudouin et des Hottman contre une méthode si stérile et si désas-

freuse. D'autre part, le succès même de ces études
avait fini par donner à la législation de Justinien une
influence empruntée, mais réelle, sur la direction de la
vie publique. On a supérieurement démontré comment
les principes tirés du droit romain inspiraient les
légistes dans l'aide qu'ils prêtèrent à la royauté française pour construire l'état centralisé qui devait aboutir
à l'absolutisme de Louis XIV.

Cette influence du droit de Justinien, si elle fut
utile au développement de l'autorité de nos rois, le
fut incontestablement moins pour le développement
de nos institutions politiques dont elle vint contrarier
l'évolution naturelle en introduisant dans notre droit
public, par l'effet d'une adaptation artificielle, des
principes qui s'appliquaient à un état social différent
et qui étaient le résultat d'une longue évolution historique sans aucun rapport avec celle des nations occidentales, et en particulier de la France.

Malgré cela, l'acceptation de ces principes par les
jurisconsultes fut aisée, car naturellement épris d'ordre,
ils étaient séduits par la force et par la simplicité de
l'État romain. Le succès qu'ils eurent auprès des rois
fut naturel car ils y trouvaient à la fois un précédent
pour satisfaire le goût d'autorité que l'exercice du pouvoir développe naturellement chez tout être humain,
et un appui pour rejeter la théocratie vers laquelle
tendait l'Église en tant que corps politique; ainsi que
l'esprit libéral, communiste même, que répandaient

dans les masses ceux des membres de l'Eglise qui étaient plus épris de l'idéal évangélique que des satis-factions de la politique.

Cependant, tous ceux que lésaient ces doctrines nou-velles : les nobles, qui craignaient pour leurs privilèges souverains ; le clergé, qui voyait son influence politique réduite ; la bourgeoisie, enfin qui sentait lui échapper l'espoir d'une participation aux affaires que son travail, ses richesses, sa science et même l'appui intéressé des rois dans le moment où ils s'essayaient à fonder leur autorité, avaient pu lui permettrent légitimement de concevoir ; toutes ces différentes parties de la nation, conservaient les yeux fixés sur les traditions anciennes de la monarchie dont elles invoquaient les lois fondamen-tales pour les opposer au nouvel esprit d'absolutisme que développait dans la monarchie l'exemple du droit romain.

Ainsi la science du droit public, par l'effet de l'intro-duction et du succès des principes romains, oscillait au moment même où elle se constituait entre trois ten-dances différentes issues de trois espèces différentes de principes contradictoires : ceux que prônait l'Eglise, au nom de la supériorité des lois divines sur les lois humaines ; ceux que développaient les romanistes, au nom de la force de l'administration impériale ; ceux enfin dont se réclamaient les esprits libéraux au nom des traditions particulières de la monarchie française. Tous ces principes se mêlaient sans ordre, et chacun les invoquait tour à tour, plutôt pour les besoins de sa cause que par une vue bien claire de la valeur logique des fondements sur lesquels ils s'appuyaient.

Dans le domaine du droit privé, l'introduction des principes du droit romain eut aussi quoiqu'à un degré moindre, des conséquences importantes.

Tout d'abord, l'exemple de la législation romaine contribua à développer la procédure dans un sens plus rationnel. Sous cette influence, le système de la preuve par témoins et par enquête, s'établit plus fermement et la justice devint plus impersonnelle en même temps que plus raisonnable. De plus, en présence du droit féodal dont toutes les règles en matière privée n'avaient d'autre but que de soutenir le système politique dont elles sortaient, le droit romain, plus généralement humain, plus réellement vivant, vint prêter son appui au droit coutumier qui régissait la société de tous ceux qui n'étaient point nobles et ne pouvaient prétendre, par quelque expédient que ce fut, aux privilèges féodaux.

Le droit coutumier, en effet, à l'inverse du droit féodal, et conformément aux principes du droit romain déjà admis au temps de Théodose, pratiquait le partage des biens paternels ou maternels, meubles ou immeubles, entre tous les enfants, reconnaissait en général l'égalité des frères et des sœurs, proclamait le droit égal des époux aux choses acquises pendant le mariage et grand nombre d'autres règles concernant les obligations et les contrats qui trouvaient leur principe dans un seul désir d'égalité et de justice, pour préciser les rapports sociaux au mieux des intérêts et des affections. Or, dans les sociétés occidentales, à cause des privilèges accordés aux fiefs, il n'était personne d'un peu aisé qui ne cherchât à s'assurer le bénéfice d'une terre féodale ou de son équivalent.

Au détriment de la société normale, la société féodale avait accaparé toute l'attention et fait prédominer dans tous les domaines son influence spéciale. Elle conserva longtemps ses défenseurs, et, parce qu'on ne savait pas reconnaître l'origine particulière des lois féodales, il y avait dans la société, au grand préjudice de la logique, un conflit entre les principes nouveaux et les principes anciens de nature à entraîner, sinon dans la pratique, au moins dans la théorie, une confusion dont la science du droit était la victime. Il est vrai de dire que plus le tiers État grandit, et que plus il prit une place importante dans la vie sociale, plus le droit romain se répandit et plus il s'affirma contre la règle idéale de la société civile, au point que par Domat d'abord et par Pothier ensuite, il finit par passer réellement dans la loi civile de l'ancien régime d'où il s'est perpétué jusque dans le nôtre. Mais, au moment où il apparut dans une société toute féodale et toute religieuse, sa nouveauté, ses dissemblances, dues à la différence des temps et des mœurs, devaient jeter le trouble dans bien des esprits. Quelle science du droit pouvait exister alors, quand le droit se composait de tant d'éléments divers, s'appuyant chacun, tant au point de vue politique qu'au point de vue civil sur tant de principes différents.

Ajoutez à cela qu'à partir du xvᵉ siècle, le progrès du travail libre, le développement des rapports commerciaux vinrent forcer la théologie et la morale à reconnaître la légitimité des efforts que firent les particuliers pour s'enrichir par l'industrie et le commerce. La vie économique prit ainsi par la force des choses place dans les préoccupations des législateurs, et par suite elle entra dans le domaine du droit. Mais en y entrant, elle introduisit à son tour un principe nouveau : c'est que tous les efforts faits dans le sens de l'acquisition des richesses ont leur raison d'être dans les besoins de la société et les exigences du bien public. Les scolastiques le reconnurent les premiers : mais encore tout imbus de leur conception religieuse et morale de l'ordre social ; il ne se doutaient pas de la fortune qui devait échoir à ce principe dans la création de la science positive du droit.

En attendant, de la coexistence de tous ces droits et de tous ces intérêts, naissaient une étrange confusion. Chacun s'efforçait de faire prédominer sa propre conception de l'ordre ; selon le temps et selon les auteurs, on se réclamait des uns ou des autres.

C'est dans l'ordre politique surtout que l'on ne savait auquel entendre. Les uns faisaient de l'autorité du roi l'image de l'autorité divine et prétendaient la limiter comme celle de Dieu, par sa propre justice et par sa propre bonté, se réservant toutefois le droit de la diriger et de l'éclairer en leur qualité d'uniques détenteurs de la sainte Parole. Les autres, ne songeant qu'à restaurer la souveraine puissance de la majesté impériale, quelques-uns enfin, sentant la force du peuple, osaient prétendre à la souveraineté de la nation dont les rois ou les magistrats ne seraient que les délégués.

C'est aux xive et xve siècles surtout, qu'apparaît cette dernière théorie lorsque les rois eurent besoin de faire appel à la bourse de leurs sujets. Il n'y a rien de tel que de payer pour se sentir aussitôt des droits : c'est un sentiment qui durera autant que l'humanité.

D'un autre côté, les âpres luttes religieuses du xvie siècle et la violence que l'on prétendait faire aux consciences, fit apprécier avec une sympathie jusqu'alors inconnue les bienfaits de la liberté. Mais alors, dès que l'on raisonna sur ces besoins fondamentaux de la vie sociale, apparut dans toute sa force la lutte des principes contradictoires, la confusion qu'elle engendrait et la nécessité d'y porter remède.

Pour cela, il ne suffisait pas du sentiment. Or, c'est au nom du sentiment que les députés des Etats généraux, comme les jurisconsultes faiseurs de libelles, proclamaient leurs droits ou bâtissaient leurs théories dans lesquelles il faisaient appel aux arguments d'origines les plus diverses.

Les protestants à l'aide de la Bible, les catholiques appuyés sur les Ecritures, les uns et les autres renforçant de l'autorité des anciens leurs théories les plus subversivement logiques, et les assaisonnant de leurs passions, remettaient en question tous les principes et toutes les traditions qui avaient étayé jusqu'alors l'ordre social. Blessés par le pouvoir qui les persécutaient on ne les soutenait pas assez, ils en discutaient l'origine, l'usage et les devoirs, et ils proclamaient le droit absolu des gouvernés à dresser contre lui le témoignage de leur conscience et le sentiment de leur liberté.

Mais jamais le sentiment n'a rien prouvé dans la pratique ; il est aussi varié que la nature des individus qui le ressentent et l'expriment et tous les arguments lui sont bons pourvu qu'il se satisfasse. Aussi le déchaînement des revendications que l'on voit paraître alors, loin de dissiper la confusion ne fit encore que l'accroître en justifiant partout la révolte ouverte et le mépris des usages et des traditions, en poussant même au renversement des rôles jusqu'alors tenus. Il est vrai que la spécieuse logique de la théorie du contrat originel fait de la masse du peuple le souverain dont le magistrat ne doit être qu'un délégué obéissant.

Ce qu'il fallait pour sortir de cette impasse, tant en droit public qu'en droit privé, c'était une méthode d'analyse juridique exacte et précise servant de base à une synthèse raisonnable des éléments reconnus. Bodin eut l'honneur d'entrevoir un des premiers cette issue.

C'est en remontant aux sources historiques, d'où sortait l'organisation politique des peuples modernes, qu'il prétendait résoudre rationnellement les problèmes que soulevait le droit public, c'est dans une analyse des conditions matérielles imposées à la vie sociale par la nature physique ou par celle des rapports sociaux, qu'il croyait trouver les principes certains du droit civil, comme du droit économique.

Cependant, malgré toute la valeur des écrits de Bodin, ils ne donnaient que des indications dont les contemporains ne pouvaient saisir toute la portée. Leur esprit théologique, les habitudes étroites de commentateurs du droit romain, l'absence aussi de documents pour les études préalables nécessaires, leurs passions enfin s'y opposaient. Bodin, lui-même, n'est d'ailleurs pas débarrassé complètement des idées anciennes, et, à côté des vues les plus neuves et les plus hardies, on trouve chez lui bien des survivances où l'on reconnaît la marque de l'esprit scolastique de l'Église, d'Aristote et de Platon.

Pourtant, comme l'on sentait plus que jamais, surtout après les luttes et les déchirements du XVIe siècle, le besoin d'éclaircir par des principes certains, universellement acceptés, le sens des lois est de coordonner en une science unique celle de tous les droits divers auxquels la société faisait appel, quelques esprits pensèrent trouver la clef en développant les notions de droit naturel sur lesquelles les jurisconsultes romains avaient étayé tous leurs raisonnements juridiques et qui avaient l'avantage d'appartenir, moins à telle ou telle confession qu'à l'humanité toute entière.

Ces nouveaux principes entrevus depuis longtemps, mais développés avec ordre au commencement du xviiᵉ siècle par Grotius et Puffendorf eurent bientôt une vogue extraordinaire.

Différent en effet de la morale religieuse qui ne s'adresse qu'à la conscience individuelle, et ne songe qu'aux destinées futures de l'âme, le droit naturel avait encore l'avantage de tenir plus de compte que Platon et Aristote des besoins de la société civile et de ses conditions d'existence tout en restant assez général pour s'appliquer à tous les hommes. D'après les auteurs de cette école, les devoirs extérieurs de l'homme ne sont point déterminés seulement par le souverain de l'Etat, mais par la nature propre de l'humanité dans laquelle on peut seulement retrouver le fondement premier et légitime des sociétés humaines. Le droit naturel peut être envisagé sous trois points de vue différents qui se complètent mutuellement et finissent par embrasser tous les rapports sociaux et l'idée de justice elle-même.

Sous un premier point de vue, le droit naturel ne

connaît que des rapports qui s'imposent à l'homme par le seul fait de sa naissance et par la place qu'il tient au milieu des autres hommes. Dans ce sens, il s'applique particulièrement au mariage et aux liens de famille, laissant de côté tous les rapports qui dérivent du développement de la civilisation.

Ces derniers rapports forment comme une seconde couche du droit naturel qui s'occupe de la propriété privée et des contrats usuels, ainsi que des fondements naturels et légitimes de la société.

Enfin, en dernier lieu, et par une extension abusive des mots, le droit naturel est conçu comme la forme supérieure de la justice; il se confond avec l'équité naturelle et avec la morale. Alors, les confusions que l'on prétendait éviter reparaissent, car on réintroduit dans une matière essentiellement positive les spéculations philosophiques. La loi naturelle devient l'expression de l'idéal divin déposé par Dieu même dans le cœur des hommes et c'est ainsi que l'entendent Grotius aussi bien que Domat, lorsqu'ils assignent aux lois pour fondement et pour base, l'honnêteté morale et la volonté divine.

En résumé, au moment où Montesquieu éprouve le besoin de réfléchir sur l'*Esprit des Lois*, on se trouvait au terme d'une évolution de faits et d'idées fort complexe qui rendait nécessaire une classification rationnelle. Or, l'état de stabilité alors établi enfin en Occident parmi les rapports sociaux présentait l'occasion la plus favorable pour mesurer le chemin parcouru.

Partout, en effet, les gouvernements avaient acquis une forme que l'on pouvait considérer comme définitive. Partout les rapports sociaux s'étaient étendus par un développement du commerce et de l'industrie qui multipliait les points de contact entre les nations ainsi qu'entre les gouvernants et les gouvernés. Un champ plus vaste et par suite plus fécond s'ouvrait à l'analyse.

Le développement des classes moyennes enfin grandies à travers une lutte opiniâtre contre les difficultés matérielles et sociales de toute espèce, avait créé un courant d'esprit plus épris de réalités que de spéculations vides, et cet état d'esprit était éminemment favorable à l'introduction dans les sciences juridiques d'un esprit d'analyse positive où les faits tiendraient plus de place que la théorie.

A tous les points de vue donc, le moment était favorable pour entreprendre un vaste travail de coordination juridique, c'est-à-dire pour la création d'une méthode capable de résoudre les contradictions et les confusions accumulées depuis des siècles par l'effet des causes que nous venons d'exposer.

Le moment était favorable pour d'autres raisons encore. Tout d'abord, à moins d'un bouleversement complet des fondements de la société, on ne pouvait imaginer pour la science du droit d'autres éléments que ceux que connaissaient déjà les sociétés occidentales : éléments puisés aux sources romaines, aux sources barbares, aux sources économiques, aux sources coutumières, à l'équité, à la charité, à l'intérêt.

D'autre part, il venait de se produire sous le règne de Louis XIV, sous l'influence de Colbert, de Pussort et de Lamoignon, un vaste mouvement législatif qui n'avait pas encore produit tous ses fruits et que la monarchie se disposait à continuer.

Au point de vue politique enfin, le xviie siècle avait vu se développer deux formes contradictoires de gouvernement : en Angleterre, le gouvernement libéral avec le triomphe de la déclaration des droits acceptée par Guillaume III ; en France, c'était l'absolutisme sans contrepoids, inauguré par Louis XIV. Si l'on peut dire que cette déviation était dans l'esprit des rois capétiens, elle était pour le moins contraire aux plus vieilles traditions nationales.

En fait, il était donc utile de toutes façons de ramener les esprits à une analyse plus claire de toutes les notions juridiques d'où dépend l'ordre social.

En théorie, la tournure des esprits éprise de réalité et de raison, les principes de la vraie méthode scientifique exposés par Descartes et développés par ses disciples, préparaient une voie sûre où l'on pouvait s'engager avec confiance à la recherche de la vérité.

C'est dans cette voie que s'engagea Montesquieu. Nous avons montré comment les principes de la méthode cartésienne peuvent s'appliquer à la méthode suivie par Montesquieu.

Faisant abstraction des théories énoncées jusque-là et ne s'en souvenant que pour leur opposer les résultats de son analyse, Montesquieu se préoccupe selon les préceptes cartésiens de rechercher les éléments simples de la vie sociale que les lois ont pour objet de régler,

de classer les rapports qu'ils ont entre eux, de manière à bien distinguer les principes qui s'appliquent à chaque ordre de phénomènes étudiés. Ainsi, il pourra raisonner, sans risque de s'égarer, sur des notions claires et évidentes, parce qu'elles se rapportent toutes à la nature des choses. Aussi ne s'embarrasse-t-il pas, avec raison, de rechercher l'origine de la société ou du pouvoir, aussi ne se demande-t-il pas à qui appartient ou n'appartient pas la souveraineté ; ce sont là pour lui des spéculations abstraites et sans aucune utilité pratique.

Deux faits primordiaux sont certains, c'est que les hommes vivent en société et que les lois continuent à maintenir l'ordre de ces sociétés pour leur permettre de se conserver.

Pour se rendre compte de l'*Esprit des Lois*, il suffira d'analyser d'une part les besoins permanents et généraux de l'homme vivant en société, besoins innés, pourrait-on dire, résultant en tous cas du fait social dans ce qu'il a de plus général ; et d'autre part les besoins dérivés de certaines causes secondes qui modi-

fient, par le contact de la réalité, la vie sociale
abstraite et lui donnent les différents aspects qu'elle
peut revêtir.

Les besoins innés sont celui d'autorité et de liberté :
l'autorité pour maintenir uni le corps social, la liberté
pour satisfaire les besoins particuliers des individus
qui le composent.

Parmi les besoins dérivés, il faut ranger tous ceux
qui résultent des relations matérielles et morales entre
les différents groupes d'humanité ou entre les individus.

Les lois de tout ordre politiques, civiles, économiques, de droit des gens, de discipline ecclésiastiques
même, n'ont d'autre objet que de répondre à la satisfaction de ces besoins que crée la nature des choses;
satisfaction sans laquelle la société ne saurait vivre.
Pour connaître l'esprit de ces lois et leurs limites, il
suffira de toujours les rapporter à l'objet même qu'elles
doivent régler, objet dont l'analyse a fait connaître le
caractère particulier.

En ces quelques mots réside tout l'*Esprit des Lois* et
toute sa méthode. Si l'une paraît trop simple et l'autre
trop terre-à-terre, il ne faut pas s'en plaindre, c'est la
condition même de son succès et le gage de la vérité
des principes qui l'animent. Puissions-nous les avoir
dégagés dans toute leur nouveauté, dans toute leur
unité et dans toute leur force.

V

Montesquieu et Spinoza

Tout porte à croire que Montesquieu connut par
lui-même, au moins dans leur ensemble les doctrines
de Spinoza. Dans quelle mesure ont-elles pénétré sa
pensée? Les accusations qu'on lui a adressées sont-elles
justifiées?

Il nous semble qu'il faut tout d'abord distinguer dans
cette recherche deux ordres d'idées et comme deux
faces de la question.

Il y a dans le système de Spinoza toute une partie
abstraite et métaphysique dans laquelle le philosophe
expose sa conception de Dieu, de l'âme, de l'homme,
et détermine les rapports de la divinité avec la création.
Ces spéculations constituent l'objet de l'Ethique qui a
pour but de fonder les bases de la vie morale et d'en
établir les règles. C'est donc en vue d'une action concrète sur les hommes que Spinoza réfléchit et écrit. Sa
métaphysique est pour lui un moyen et non une fin. En

cela, malgré son isolement volontaire, il participe à l'esprit de son siècle dont toutes les tendances philosophiques sont tournées vers la pratique beaucoup plus que vers la théorie. Cette pratique c'est celle de la vie intellectuelle et morale. Etablir cette pratique sur des principes solides avait été déjà l'ambition de Descartes. C'était celle de tous les orateurs de la chaire chrétienne depuis Bossuet jusqu'à Bourdaloue. Ce fut aussi celle des écrivains que l'on a appelés moralistes. Ces derniers s'appuyaient sur l'expérience journalière. Les sermonnaires puisaient leurs principes dans l'Ecriture sans s'interdire toutefois les révélations d'expérience. Les philosophes allaient chercher les leurs dans une réflexion logiquement conduite sur la nature des choses telle qu'elle apparaissait à la raison. Ainsi le xviie siècle qui semble au premier abord si ferme et si assuré dans ses principes nous présente au contraire une activité de recherches, une inquiétude intellectuelle, un débat angoissé sur les grandes questions qui intéressent la vie de l'humanité dont le spectacle nous touche et nous émeut.

Mais à côté de la vie morale, toute individuelle, il y a la vie sociale, la vie politique comme on disait alors qui est la manifestation essentielle de la vie de l'humanité. Descartes n'a pas eu le temps d'y songer, mais Bossuet écrit sa politique tirée de l'Ecriture sainte et Spinoza, qui vivait dans la familiarité des frères de Witt, dans cette Hollande du xviie siècle qui nous donne

le spectacle d'un peuple en train d'organiser son indépendance, Spinoza écrit son traité *Theologico-Politicus.*
Le traité est de 1670, l'Ethique de 1676 et tout son
système est déjà construit quand il écrit le premier
ouvrage (cf. Brochard, Le Dieu de Spinoza. *Rev. de
droit et de morale*, 1908, p. 129), et son traité politique
où il s'efforce d'appliquer ses principes directeurs à la
constitution des sociétés et à leur organisation politique. De la spéculation, il passe à la réalité et cet effort
est des plus intéressants par le souci d'exactitude et
d'observation qu'il manifeste. Après avoir écarté les
politiques théoriciens et utopistes qui raisonnent dans
le vide, aussi bien que les politiques empiriques qui ne
cherchent pas les lois profondes de la vie sociale et ne
connaissent que la surface des choses, Spinoza s'exprime ainsi, et ces termes nous donnent la véritable
signification de son effort : « Pour moi, mon dessein
n'a pas été de rien découvrir de nouveau ni d'extraordinaire, mais seulement de démontrer par des raisons
certaines, ou en d'autres termes de déduire de la condition même du genre humain un certain nombre de
principes parfaitement d'accord avec l'expérience, et
pour porter dans cet ordre de recherches la même
liberté d'esprit dont on use en mathématiques, je me
suis soigneusement abstenu de tourner en dérision les
actions humaines, de les prendre en pitié ou en haine :
je n'ai voulu que les comprendre. » (*Traité théolog.
polit.*, I, 4).

Or n'est-ce point précisément cet esprit qui guide Montesquieu dans sa recherche de l'*Esprit des Lois*.

Si nous voulons donc étudier le spinozisme de Montesquieu, il faudra faire deux parts dans notre examen : la part de la théorie et des principes directeurs, la part de l'application pratique.

C'est sur ce premier point qu'insistent avec force les contradicteurs de Montesquieu et ils n'ont point tort à leur point de vue car le caractère des principes admis engage toutes les solutions pratiques que l'on peut donner au problème politique et social. Dans quelque hypothèse que l'on se place en effet, cette solution est le résultat d'une déduction dont les prémisses reposent dans l'idée que l'on se fait comme le dit si nettement Spinoza, de la condition même du genre humain. Il en est de Montesquieu comme de Spinoza, comme de tous les philosophes politiques de ce temps et des temps suivants. De Locke et de Hobbes comme de Bossuet et de Domat; de Rousseau comme de de Bonald ou de Maistre ou même de nos sociologues modernes.

Or l'idée que l'on se fait de la condition du genre humain, suppose toute une philosophie, toute une métaphysique même : elle engage non seulement la question de savoir quel est l'état naturel des hommes sur la terre les uns vis-à-vis des autres, mais celle de leurs rapports avec la Divinité et par suite l'existence et la nature même de cette Divinité; mais celle aussi de savoir dans quelle mesure ils sont soumis pour s'y adapter aux lois de la nature ou capables de les modifier quand l'adaptation pure et simple est difficile ou impossible.

C'est là-dessus que les *Nouvelles Ecclésiastiques* cherchent chicane à Montesquieu ; c'est à ce propos qu'elles l'accusent de spinozisme et c'est sur ce terrain que nous allons les suivre d'abord.

Pour tout chrétien, pour tous ceux qui comme Daguesseau par exemple, qui peut nous servir de type, sont attachés aux principes traditionnels de l'Eglise, si bien appliqués aux sociétés civiles par Domat, Dieu, créateur du monde et des hommes qu'il a faits à son image, a donné à ces dernières une loi, qui est la loi d'amour conformément à laquelle ils doivent régler toutes leurs actions pour tâcher de réaliser sur la terre la beauté de l'amour divin. C'est vers cette fin qu'ils doivent tendre et c'est à la lumière de cet amour divin qu'il leur faut organiser les rapports individuels qui constituent le droit civil. C'est encore Dieu qui, créateur et ordonnateur souverain, donne par son exemple aux hommes l'idée d'autorité et la notion d'obéissance qui doit former la base de tous les rapports politiques. Dans cette conception, Dieu est considéré comme extérieur à sa création qu'il anime de sa vie et de son esprit. Rien n'arrive que par sa volonté. En lui réside toute justice et tout gouvernement : les choses n'existent que pour offrir à l'homme l'occasion de surmonter par sa volonté les obstacles qu'elles lui présentent et toutes les sollicitations de la nature matérielle, doivent céder à la suprématie de la notion spirituelle émanée directement de l'esprit de Dieu, et par laquelle est vaincue la grossièreté des instincts et des passions et sont brisés les liens qui enchaînent l'homme à la matière.

A côté des ordres divins, les philosophes politiques imbus de l'esprit du droit romain font intervenir les révélations de la conscience morale qui découvre en elle par l'effet d'un retour sur elle-même, les principes qui fondent au-dessus des lois arbitraires et contingentes de la société un droit naturel, applicable à tous les hommes, par le seul fait de leur humanité même — comme le droit de Domat se fonde sur la nature divine de l'homme — ce droit naturel s'inspire des principes généraux d'équité et de justice qui proclament l'éminente dignité de la personne humaine et veulent en faire respecter toujours et partout les aspirations, tant que leur satisfaction ne nuit pas à la liberté du voisin.

C'est ce droit naturel dont la première trace se trouve dans les écrits des philosophes de l'antiquité et que cherchent à.définir des philosophes comme Grotius et Puffendorf ou dont ils essaient d'étendre ou de limiter l'action. Mais d'où proviennent ces avertissements de la conscience qu'ils nous donnent comme guide ? Ce sont des idées innées en nous par l'effet de notre nature divine. Ainsi les philosophes du droit naturel se rattachent aux théologiens en ce qu'ils admettent comme eux une influence divine extérieure à l'homme, supérieure à toutes les choses créées et directrice de toute activité. La seule différence est qu'ils font provenir cette influence de la conscience tandis que les théologiens nous renvoient directement à la parole de Dieu telle qu'elle se trouve exprimée dans les Écritures.

Alors apparut dans les dernières années du xviiᵉ siècle une nouvelle école philosophique qui voulut envisager les rapports des hommes entre eux en dehors de toute influence divine et dans les seules conditions que leur impose la vie au milieu de la nature. Les lois d'existence qui leur sont faites sont encore des lois naturelles. Mais il ne faut pas les confondre avec le droit naturel dont nous parlions tout à l'heure : ce droit est la conséquence de la nature idéale que l'on suppose à l'homme, émanation de Dieu. Les lois naturelles dont il est ici question ne sont autre chose que la constatation des nécessités naturelles d'existence qu'impose aux hommes à la fois la nature du monde dans lequel ils sont jetés et la nature de leurs appétits et de leurs passions qui ont avant toute chose leur conservation pour but. Ces lois naturelles, ce sont en réalité les lois de la nature.

Partant de ce point de vue, ces nouveaux philosophes arrivent à des conclusions que l'on peut facilement résumer dans les propositions suivantes :

1° Les hommes naissent tous égaux et libres ;

2° Le contact de ces forces égales engendre la guerre et conduit à l'inégalité;

3° Le rôle de la société et des lois doit être de rétablir l'ordre, soit en ramenant sur la terre la liberté et l'égalité primitives (Comme le veut Locke), soit en maintenant par la force les inégalités consacrées (ainsi que le souhaite Hobbes).

Ces constatations nous permettent de mieux saisir l'état d'esprit dans lequel se trouvaient les contemporains de Montesquieu en présence des grands problèmes sociaux et la confusion que l'on faisait naturellement des termes : nature, droit naturel, lois de nature, lois naturelles, employés indifféremment par les uns ou les autres, chacun y attachant des sens tout à fait différents.

Pour Spinoza, les hommes ne sont ni égaux ni libres par nature. Ils ne le sont pas davantage pour Montesquieu.

Rien de ce qui existe n'étant qu'une modification des attributs de Dieu, les hommes ne sont qu'une modification de Dieu considéré en tant qu'étendue, si l'on songe à leur corps, et considéré en tant qu'intelligence et volonté si l'on a en vue leur âme. Ainsi Dieu, cause de soi, est cause de tout et toutes les choses sont déterminées par la nécessité de la nature de Dieu à exister et à agir d'une façon donnée.

C'est sur cette idée de nécessité que les rédacteurs des *Nouvelles ecclésiastiques* ont entrepris tout d'abord

Montesquieu, pour lui reprocher le spinozisme dont il se défend avec tant de vivacité.

Voyons un peu le fond des choses.

Les lois dit Montesquieu, au début de livre I de l'*Esprit des Lois*, dans la signification la plus étendue, sont les rapports *nécessaires* qui dérivent de la nature des choses : et dans ce sens *tous les êtres ont leurs lois* ; *la divinité a ses lois* ; le monde matériel a ses lois ; les intelligences supérieures à l'homme ont leurs lois ; les bêtes ont leurs lois ; l'homme a ses lois.

Ceux qui ont dit qu'une fatalité aveugle a produit tous les effets que nous voyons dans le monde, ont dit une grande absurdité : car quelle plus grande absurdité qu'une fatalité aveugle qui aurait produit des êtres intelligents ?

Il y a donc une raison primitive ; et les lois sont les rapports qui se trouvent entre elle et les différents êtres, et les rapports de ces divers êtres entre eux.

Dieu a des rapports avec l'univers comme créateur et comme conservateur ; *les lois selon lesquelles il a créé sont celles selon lesquelles il conserve*. Il agit selon ces règles parce qu'il les connaît ; il les connaît parce qu'il les a faites ; ils les a faites parce qu'*elles ont du rapport avec sa sagesse et sa puissance*.

Comme nous voyons que le monde, formé par le mouvement de la matière et privé d'intelligence, subsiste toujours, *il faut que ses mouvements aient des lois invariables*, et si l'on pouvait imaginer un autre monde que celui-ci, *il aurait des règles constantes ou il serait détruit.*

Ainsi la création qui paraît être un acte arbitraire suppose des règles aussi invariables que la fatalité des éthers. *Il serait absurde de dire que le Créateur, sans ces règles, pourrait gouverner le monde, puisque le monde ne subsisterait pas sans elles.*

Ces règles sont un rapport constamment établi » (*E. d. L.*, 1, début).

De quelle nature est la nécessité dont parle ici Montesquieu. D'après les passages soulignés, il apparaît que c'est pour toute chose créée, l'obligation de suivre des règles constantes pour conserver l'être. D'où proviennent ces règles : de la nature même des choses, c'est-à-dire de ce qui constitue leur essence. Un exemple fera mieux comprendre ce qu'il faut entendre par là : la société étant un fait donné et réel, malgré l'opinion des philosophes de l'état de nature, son existence entraîne pour elle l'obligation d'obéir à certaines lois sous peine d'être aussitôt détruites ou d'exister autrement, ce qui revient au même.

Ces lois sont relatives à sa nature, c'est-à-dire à sa définition. Or, s'il est vrai que la société soit une collection d'individus mettant en commun leurs forces particulières pour former l'état politique, et leurs volontés pour former l'état civil ; s'il est vrai d'autre part, comme le dit Spinoza, que la réalité d'une collection se résolve dans celle des éléments qui la composent, tout revient donc à chercher quelle doit être la loi de nature de l'individu et la loi de nature de la société et quelle sera par suite la loi de leurs rapports réciproques.

Ces lois ont-elles un caractère différent ? Non, leur caractère se confond dans le caractère commun à toute loi, que ce soit une loi physique ou une loi d'organisation politique et sociale. Toutes deux ne font qu'exprimer les rapports essentiels à la permanence du phénomène qu'elles consacrent : à ce titre, la loi de nature de la société est d'assurer les rapports qui lui permettent de subsister, et la loi de nature de l'individu est de se ménager dans la société une place telle qu'il puisse satisfaire, sans nuire aux exigences de la collectivité, les besoins particuliers essentiels à la conservation de sa propre vie. Le droit naturel n'est donc pour Montesquieu que l'expression des nécessités vitales les plus impérieuses, soit au regard de la société, soit au regard de l'individu, et il l'exprime quelquefois par le mot de « défense naturelle » qui explique bien sur ce point le caractère de sa pensée.

La nécessité à laquelle les hommes, comme toutes les choses sont soumis, est donc double. C'est d'abord une véritable contrainte, au sens ordinaire du mot, puisque la non-observation des lois qui leur sont propres entraîne pour eux le plus grave des châtiments, c'est-à-dire la perte de l'être. Dans ce sens, c'est une contrainte à raison des conséquences possibles de

l'acte. Ce n'est pas il est vrai tout à fait la pensée de
Spinoza pour qui une chose est nécessaire surtout au
sujet de la cause. Mais prenons garde que Spinoza,
expliquant ce qu'il faut entendre par chose nécessaire
(*Eth. I*, Th. 33, sect. I), commence par dire qu'elle l'est
avant tout à raison de son essence : « On dit qu'une
chose est nécessaire, soit à raison de son essence,
soit à raison de sa cause. En effet l'existence d'une
chose résulte nécessairement soit de son essence et de
sa définition, soit d'une cause efficiente donnée ». Sur
ce second point, remontant si nous le pouvons de
causes en causes suivant leur ordre, nous arrivons à
Dieu « cause efficiente de toutes les choses qui peuvent
tomber sous un entendement infini » (*Eth. I*, Th. 16,
Cor. II, I), ce qui à la rigueur pourrait se rapprocher de
l'affirmation de Montesquieu « que les lois selon lesquelles Dieu a créé sont celles selon lesquelles il conserve ». Sur le premier point, considérons la manière
dont Spinoza définit l'essence d'une chose (*Eth. II*, Définit. II) : « Je dis que l'essence d'une chose comporte ce
qui, étant donné, fait nécessairement que la chose existe
et qui, si on le supprime, fait nécessairement que la
chose n'existe pas ; autrement dit, ce sans quoi la chose
ne peut ni exister, ni être conçue et réciproquement, ce
qui, sans la chose, ne peut ni exister, ni être conçu »,
et rappelons-nous que plus haut (*Eth. I*, Th. 16,
Démonstr.) Spinoza avait déjà dit : « De la définition
d'une chose quelconque, l'entendement déduit un cer-

tain nombre de propriétés qui en fait résultent nécessairement de cette chose (c'est-à-dire de l'essence
même de cette chose), et ces propriétés sont d'autant
plus nombreuses que la définition de la chose exprime
plus de réalité, c'est-à-dire que l'essence de la chose
définie enveloppe plus de réalité » ; un rapport étrange
nous apparaîtra alors entre la pensée de Montesquieu
et celle de Spinoza.

Comme nous le démontrions en effet dans notre premier travail, le mot nécessaire doit s'entendre, dans la
définition fameuse de Montesquieu, dans le sens d'essentiel, de conséquence de l'essence d'une chose, sur
lequel insiste ici Spinoza. Quand Montesquieu dit que
les lois sont les rapports nécessaires qui dérivent de la
nature des choses, toute la suite même du développement de l'*Esprit des lois* montre qu'il entend que les
lois consacrent les rapports essentiels qui dérivent de
la nature des choses. L'ordre social qu'assure la loi
n'est que la permanence des rapports nécessaires à la
vie sociale comme l'ordre physique n'est que la permanence des rapports nécessaires à la continuation de
l'existence du monde créé. Par suite, les lois sont bien
l'expression de rapports essentiels au maintien d'un
état donné. Tout ce qui est en dehors de ces rapports
est en dehors de la loi et « il n'y a pas de loi sur les
matières indifférentes ». Il n'y a point d'autre nécessité
que l'obligation de maintenir les rapports essentiels à
l'ordre établi : rapports sans lesquels cet ordre cesse-

rait d'exister et ne saurait être conçu. Ces rapports sont implicitement contenus dans la définition même de la chose. Ils dérivent, en ce qui concerne les sociétés, de la nature des choses de la vie sociale, comme en droit par exemple, les conditions essentielles à la validité des contrats dérivent de la nature particulière de la convention. Si ces rapports essentiels ne sont pas suffisamment consacrés par la loi, la nature de la chose dont elle s'occupe se trouve faussée et modifiée dans un de ses termes.

La loi doit donc reposer sur la connaissance exacte des rapports, c'est-à-dire en somme sur des définitions précises qui fixent la nature exacte de chaque chose.

Répondant au critique des *Nouvelles ecclésiastiques*, Montesquieu indigné s'écrie avec ironie : « L'auteur a dit que les lois étaient un rapport nécessaire : voilà donc du spinozisme, parce que voilà du nécessaire ! » D'après ce qui précède, on peut se rendre compte que ce critique poussé par son instinct n'avait peut-être pas si mal jugé.

Une autre preuve de ce que nous avançons pourrai encore être trouvée dans la manière dont procède Montesquieu dans ses développements.

Si la nécessité, en effet, qui détermine le sens et l'orientation des lois est pour Montesquieu comme pour Spinoza la reconnaissance de ce fait que leur infinie variété n'est que le développement de l'essence même

des choses, il faut de toute nécessité commencer par
déterminer cette essence, c'est-à-dire commencer par
des définitions dont on déduira un certain nombre de
propriétés qui en fait en résultent nécessairement.
C'est ainsi que, voulant traiter des lois qui régissent
l'organisation de divers gouvernements, Montesquieu
commence par les définir : « Je suppose, dit-il, trois
définitions... » et il tirera de cette définition tout le
contenu de son développement et il y trouvera les
motifs d'exclusions qui peuvent nous paraître étranges à
considérer superficiellement les choses.

De la définition même de la monarchie en effet,
c'est-à-dire de sa nature et de son essence dérivent
tous les rouages qui en assurent le fonctionnement, en
premier lieu l'organisation d'un corps des nobles ou
des principaux de l'Etat qui forme une sorte d'intermédiaire entre le monarque et le peuple et qui, possé-
dant quelques prérogatives particulières, gage de son
indépendance, se trouve intéressé à retenir la monarchie sur la pente du despotisme ; en second lieu, l'organisation d'un corps politique gardien des lois qui les
annonce lorsqu'elles sont faites et les rappelle lorsqu'on les oublie.

De même, la démocratie étant, par sa nature, une
forme d'Etat dans laquelle le peuple en corps a la
souveraine puissance, les lois fondamentales du gouvernement démocratique, partout où on le trouve
organisé, s'attachent à permettre l'expression et à

favoriser la réalisation de la volonté nationale. Dans cette intention, on la voit partout, avec le même esprit, quoique par des moyens différents, établir le droit de suffrage, délimiter son étendue, déterminer les capacités nécessaires pour être soit électeur, soit éligible, fixer le mode d'élection, régler enfin l'attribution du pouvoir législatif.

On voit par là, pourquoi parlant de la monarchie française, Montesquieu, ce qu'on lui a souvent reproché, ne dit pas un mot des Etats généraux. C'est qu'une institution comme celle des Etats généraux, issue du principe de la souveraineté nationale ne répond pas à la nature de la monarchie telle qu'elle apparaît par sa définition et par son essence. Une monarchie admettant le contrôle de la souveraineté nationale représentée par des députés de toutes les classes de la nation ne serait plus une monarchie et la monarchie parlementaire est un mot vide de sens. C'est pourquoi lorsqu'il a fini d'analyser la constitution de l'Angleterre dans laquelle l'existence de la Chambre des communes introduit l'idée de souveraineté nationale s'exerçant par un contrôle permanent sur les actes du gouvernement et par la responsabilité des ministres du pouvoir devant elle, Montesquieu est amené à reconnaître que ce n'est pas là une constitution monarchique, mais bien plutôt une constitution démocratique.

Ainsi le gouvernement monarchique et le gouvernement démocratique ont avec eux-mêmes et avec la société de certains rapports dérivant de leur essence propre qui doivent être consacrés dans leur organisation sous peine de voir détruite la nature monarchique et républicaine du gouvernement.

Il résulte de là que l'essence des choses comprenant toutes les modifications dont elles sont susceptibles, aucune volonté arbitraire, pas même celle de Dieu ne peut en changer l'ordre ni le cours.

C'est ce que Montesquieu exprime fortement en disant que « les lois selon lesquelles Dieu a créé sont celles selon lesquelles il conserve ».

Comme le dit Spinoza (*Eth.*, I, Th. 33, Scholie) « il dépend de la seule décision et de la seule volonté de Dieu que chaque chose soit ce qu'elle est ». Mais ces décisions « ont été arrêtées par lui de toute éternité » et il n'y saurait rien changer.

Dans la doctrine orthodoxe qui est celle du critique des *Nouvelles ecclésiastiques*, Dieu est considéré comme cause libre parce qu'il pourrait (*Eth.*, I, Th. 17, Scholie) « faire que les choses qui résulte de sa nature, c'est-à-dire les choses qui sont en sa puissance ne se produisent pas : autrement dit ne soient point produites par lui ». Mais « cela, ajoute Spinoza, c'est comme s'ils disaient que Dieu peut faire qu'il ne résulte pas de la nature du triangle que la somme de ses trois angles soit égale à deux angles droits ».

Montesquieu admet parfaitement une pareille conclusion : la nature d'une chose étant donnée, les lois

de cette nature s'imposent à Dieu même s'il veut conserver la chose dans l'état où il l'a créée « les lois
selon lesquelles il a créé sont celles selon lesquelles
il conserve ». On ne saurait trop le répéter.

Cependant nous voyons malgré l'évidence des textes
qu'il se défend d'admettre l'intransigeante logique de
Spinoza. Quelles raisons l'y autorisent ?

La distinction est assez subtile. « (*Défense*, première
partie, I). Quand l'auteur, répond-il, a dit que la création qui paraissait être un acte arbitraire, supposait
des règles aussi invariables que la fatalité des athées,
on n'a pas pu l'entendre comme s'il disait que la création fut un acte nécessaire comme la fatalité des
athées, puisqu'il a déjà combattu cette fatalité. De
plus, les deux membres d'une comparaison doivent se
rapporter. Aussi, il faut absolument que la phrase
veuille dire : la création qui paraît d'abord devoir
produire des règles de mouvement variables, en a
d'aussi invariables que la fatalité des athées ». Et il
conclut formellement : « Il n'y a donc point de spinozisme dans l'*Esprit des Lois* ».

Il était évidemment de l'intérêt de Montesquieu de
repousser de toutes ses forces cette accusation fort
dangereuse pour lui. Cependant nous ne l'en croirons
pas sur parole. Il n'était pas dans son naturel de
battre ouvertement en brèche les dogmes reçus ; et s'il
se montre irréductible et même absolu sur des erreurs
de fait ou de raisonnement appliqué à des faits cer-

tains, il est beaucoup moins tranchant lorsqu'il s'agit de dogmes et de croyances. Sur ce point il s'applique à envelopper sa pensée de détours dans lesquels il lui soit loisible de trouver le cas échéant une retraite facile. Nous en avons ici un exemple frappant.

Montesquieu, en effet, semble faire une distinction entre la création initiale de Dieu et la conservation de cette création.

Pour lui, comme pour son contradicteur, la création initiale a été un acte arbitraire de la volonté de Dieu qui aurait pu créer ou ne pas créer. Or ce n'est évidemment pas là la doctrine de Spinoza. Chez ce dernier, en effet, Dieu n'est considéré comme cause libre que (*Eth.,* 1, Th. 17) « parce qu'il agit en vertu des seules lois de sa nature et sans subir la contrainte d'aucune chose ». Mais les choses résultent nécessairement de la nature de Dieu et il ne pouvait en être autrement ; d'ailleurs elles ont été créées avec la plus grande perfection (*Eth.*, 1, Th. 33) puisqu'elles résultent nécessairement d'une nature donnée, la plus parfaite possible. Expliquant cette proposition, Spinoza ajoute (*Eth.*, 1, Th. 33, Scholie) « comme dans l'éternité il n'existe ni pendant, ni avant, ni après, il résulte de là et cela de la seule perfection de Dieu, que Dieu ne peut jamais, ni n'a jamais pu prendre une décision différente, autrement dit Dieu n'a pas existé avant ses décisions et ne peut exister sans elles... Si Dieu en avait décidé de la, nature et de son ordre autrement qu'il n'en a décidé, c'est-à-dire s'il avait autrement conçu et autrement voulu la nature, il aurait eu nécessairement une autre intelligence et une autre volonté que celle qu'il a... Donc les choses ne peuvent être autrement qu'elles ne sont »...

Si l'on s'en tient aux mots, il n'y a rien chez Montesquieu qui puisse autoriser un rapprochement formel aussi a-t-il beau jeu de repousser « la fatalité aveugle ». Mais l'ardeur du démenti ne peut tenir lieu de preuve. Nous pouvons remarquer d'ailleurs que Montesquieu à des accusations précises répond par des généralités vagues ou porte la discussion sur un autre terrain.

Il n'est pas spinoziste parce qu'il a distingué le monde matériel d'avec les intelligences spirituelles (*Défense*, première partie, I), parce qu'il a proclamé qu'une fatalité aveugle ne saurait sans absurdité produire des êtres intelligents, parce que les lois du monde ont du rapport avec la sagesse et la puissance de Dieu, parce que les rapports de justice et d'équité sont antérieurs à toutes les lois positives, parce que nous avons l'idée d'un créateur, parce qu'enfin il a voulu combattre expressément les idées de Spinoza ; et là-dessus il se plaint que l'on prenne « pour des opinions de Spinoza les objections qu'il fait contre le spinozisme » (*Défense*, première partie, Réponse à la première objection).

Mais prenons garde qu'au xviii° siècle c'était précisément sous forme d'objection à Spinoza qu'on se donnait le plaisir d'exposer sa doctrine et de communier avec sa pensée, et revenons au point précis du débat, c'est-à-dire à la question de savoir comment il faut envisager la création et ses suites.

Montesquieu ne va pas jusqu'à proclamer que la création ait été déterminée dans son essence et dans sa forme par la nature même de Dieu. Il accorde au Créateur une certaine liberté au sens commun du mot et assure qu'il ne compare point des causes mais des effets. Admettons-le et proclamons avec Montesquieu que Dieu qui a été libre de créer, reste libre de modifier les rapports qui résultent de sa création. Qu'arrivera-t-il alors. Précisément les mêmes conséquences pour Montesquieu que pour Spinoza. Que Dieu vienne à modifier les rapports constamment établis selon lesquels l'existence du monde a été conçue et sa conservation assurée, la création, dans le système de Montesquieu, changera de nature. Ce sera toujours sans doute l'œuvre volontaire de Dieu, mais ce ne sera plus celle que nous admirons. Cependant, l'expérience que nous pouvons prendre des lois du monde physique nous montre, par l'immutabilité de ces lois, à notre connaissance du moins, que Dieu s'applique à conserver l'économie première établie par l'acte arbitraire de sa volonté, et nous pouvons conclure alors que les choses se passent comme si Dieu était lié nécessairement, et le principe de conservation apparaît comme le principe supérieur qui règle la vie de l'univers : « Si l'on pouvait imaginer un autre monde que celui-ci, i aurait des règles constantes où il serait détruit » (*M. E. L.*, I, début).

Sans doute Montesquieu ne va pas aussi loin que Spinoza qui affirme que si le monde était autre qu'il n'est, il faudrait supposer à Dieu une autre intelligence et une autre volonté que celle qu'il a et que puisque son intelligence et sa volonté ne se distinguent pas de son essence, il faudrait nécessairement que cette essence fut différente de ce qu'elle est, ce qui au sens de notre philosophe est une grande absurdité. Cependant, Montesquieu ne semble pas croire que l'on puisse imaginer un autre monde que celui que nous voyons et il affirme en tout cas — absolument comme Spinoza qu'étant donné la nature de Dieu, c'est-à-dire sa sagesse et sa puissance (*Eth.*, I, Th. 31), les lois qui régissent le monde et assurent sa conservation sont les mêmes que celles qui ont présidé à sa création parce qu'elles dérivent à la fois de la nature de Dieu et de l'essence des choses.

Il ne semble pas douteux qu'il y ait là un rapport étrange entre la conception de Montesquieu et celle de Spinoza. Toutefois Montesquieu a plus facilement raison quand il se défend d'admettre la fatalité des athées, mais ce n'est pas contre Spinoza. Spinoza, en effet, pense comme Platon que l'athéisme est une maladie de l'âme plutôt qu'une erreur de l'intelligence et il est déiste puisqu'il soutient que Dieu existe comme cause libre — à condition d'entendre par libre ce qui n'est déterminé que par sa propre nature. S'élevant d'ailleurs contre l'opinion de ceux qui décident que Dieu fait tout au point de vue du bien, il s'écrie (*Eth.*, I, Th. 33, Scholie 2) : « Ceux-ci paraissent admettre quelque chose en dehors de Dieu qui ne dépend pas de Dieu et à quoi Dieu s'attache en agissant comme à un modèle ou vers quoi il s'efforce comme vers un but déterminé, ce qui *revient à soumettre Dieu au destin*, opinion la plus absurde que l'on puisse avoir de Dieu qui, comme nous l'avons montré, est la cause première et la seule cause libre, aussi bien de l'essence que de l'existence de toutes les choses ».

La difficulté vient de ce qu'il faut entendre sous ces deux termes athéisme et fatalité : les adversaires du spinozisme n'enveloppaient pas sous ces termes les mêmes idées que Spinoza.

Etre athée pour Spinoza c'est ne pas admettre un Dieu créateur, cause libre du monde par la seule nécessité de sa nature. Admettre la fatalité, c'est soumettre Dieu à quelque chose d'extérieur à lui qui lui impose la réalisation aveugle de desseins qu'il n'a pas conçus.

A son compte il est loin d'être athée et Montesquieu, malgré sa fameuse définition des lois, ne l'est pas non plus. Ce dernier d'ailleurs a soin de le faire remarquer à son contradicteur : il a attaqué l'athéisme, proclame-t-il, parce qu'il a affirmé l'absurdité d'une fatalité aveugle qui aurait produit des êtres intelligents, parce qu'il a séparé le monde matériel du monde spirituel, c'est-à-dire Dieu de sa création.

La vérité c'est qu'il y a en présence deux philosophies, l'une qui tout en admettant Dieu, croit à la liberté divine et à la contingence des événements du monde, et l'autre qui dit que tout est pour jamais ordonné, réglé, fixé et déterminé. Dans une telle philosophie, s'il n'y a pas de Dieu, il n'y a que la nature impassible, régulière et nécessaire, et s'il y a un Dieu, on doit dire de lui comme faisaient les Stoïciens : *Semel jussit, semper paret.* Ce qui revient à peu près à dire que ce Dieu n'est pas un Dieu et qu'il se confond avec la nature.

C'est parce que le Dieu de Spinoza est un Dieu de ce genre que Spinoza, et tous ceux qui admettent ses principes ont été traités *d'athées* par les partisans de la première forme de philosophie, c'est-à-dire non seulement par les chrétiens, mais encore par tous les spiritualistes.

Analysant la doctrine de Spinoza, Bayle en effet insiste sur cette diffusion de l'idée de Dieu dans la nature dont il fait une des caractéristiques du système (Bayle, *Dict. art. Spinoza*) : « Il suppose qu'il n'y a qu'une substance dans la nature des choses, et que cette substance unique est douée d'une infinité d'attributs et entre autres de l'étendue et de la pensée. En suite de quoi il assure que tous les corps qui se trouvent dans l'univers sont des modifications de cette substance en tant qu'étendue et que par exemple les âmes des hommes sont les modifications de cette substance en tant que pensée : de sorte que Dieu l'Etre nécessaire et infiniment parfait, est bien la cause de toutes les choses qui existent, *mais il ne diffère point d'elles.* Il n'y a qu'un être et qu'une nature, et cette nature produit en elle-même et par une action immanente tout ce qu'on appelle créatures. Il est tout ensemble agent et patient, cause efficiente et sujet ; il ne produit rien qui ne soit sa propre modification ».

C'est pour cela que Montesquieu proclame bien haut qu'il distingue le monde matériel d'avec le monde spirituel et que sans tirer toutes les conséquences de sa pensée, il laisse la divinité extérieure à sa création en ce qui concerne le premier acte. Et en ce sens Montesquieu peut honnêtement se défendre d'être spinoziste et nier être athée au sens orthodoxe du mot.

Cependant, en ce qui concerne les conséquences de cette création, il n'a plus la partie aussi belle et la comparaison de sa doctrine avec le système de Spinoza s'impose en effet à l'esprit.

Si les lois selon lesquelles Dieu a créé « sont celles selon lesquelles il conserve » il se trouve lié par les rapports établis entre les choses et qui dérivent de leur nature particulière et l'univers se trouve soumis à des lois invariables sous peine d'être détruit. N'est-ce point là une conséquence bien proche de celles qui découlent du système de Spinoza. Mais qu'importe au fond !

Il y a un fait d'expérience, c'est que, autant que les hommes ont pu le constater, le monde se conserve et continue ; c'est qu'il y a dans son développement sensible une unité qui relie entre eux tous les phénomènes dans le temps, de la même façon qu'ils sont solidaires les uns des autres dans l'étendue. Les lois physiques manifestent cette réalité et les lois positives de l'organisation sociale la proclament aussi de leur côté. Il n'est pas besoin d'aller au delà et c'est ainsi que Montesquieu, qui sépare la matière de l'intelligence, qui admet un Dieu créateur doué d'une volonté arbitraire n'est pas, il est vrai, spinoziste, mais qu'il l'est pourtant tout de même parce que la réalité dans laquelle il se place répond aux conséquences même de l'hypothèse de Spinoza : à savoir que dans l'état actuel des choses et tel que nous voyons l'univers se comporter, soit que Dieu reste le maître d'en modifier l'ordonnance, soit qu'il ne le puisse et reste lié éternellement par son premier acte, toute chose créée ne peut assurer la permanence de sa durée qu'en maintenant les rapports qui dérivent de son essence et en suivant les lois de sa nature.

Toutefois à y regarder de plus près, même sur la question de la création un doute surgit dans l'esprit. Le Dieu de Montesquieu est-il si extérieur que cela à sa création ?

Les lois qui gouvernent le monde pourraient-elles être autres qu'elles ne sont. Dieu pourrait-il les modifier

à un moment quelconque par un acte arbitraire de sa
volonté.

Assurément non. Montesquieu l'a dit dans le premier
livre de l'*Esprit des Lois*, il le répète plusieurs fois dans
sa défense et nous-même l'avons cité plus d'une fois
après lui : « Les lois selon lesquelles Dieu a créé sont
celles selon lesquelles il conserve ». L'acte unique de
la création détermine donc une fois pour toutes, toutes
les conséquences futures. Mais ces lois d'où dépendent-
elles au moment du premier acte? Sont-elles indifférentes et pourrait-on concevoir que Dieu les eut faites
autrement. Il ne le semble pas car si Dieu les a faites
c'est « qu'elles ont du rapport avec sa sagesse et sa
puissance ».

Or que peut vouloir dire cela? N'est-ce point que ces
lois elles-mêmes déterminées par la nature de Dieu.
Les termes sagesse et puissance de Dieu sont couramment employés en théologie, et les théologiens leur
attachent un sens particulier. Par puissance de Dieu,
le vulgaire, suivant en cela la théologie, comprend le
libre arbitre de Dieu et son pouvoir sur toutes les choses
qui existent; par sa sagesse il entend son intelligence
c'est-à-dire sa faculté de comprendre et de comparer
au sens humain des mots, des causes ou des effets qu'il
voit dans l'avenir pour choisir ce qui concorde le mieux
avec la fin qu'il se propose. Mais Spinoza donne à ces
termes un sens différent. « La puissance de Dieu est
son essence elle-même » (*Eth.*, I, Th. 34), autrement

dit son essence agissante (*Eth.*, II, Th. 3, Scholie)
(*Eth.*, I, Th. 35) et elle n'a rien de comparable avec la
puissance humaine des rois ou leur pouvoir. Dieu agit
en vertu de la même nécessité par laquelle il se comprend et « toute chose que nous concevons être dans
la puissance de Dieu existe nécessairement ». Quant à
sa sagesse, elle ne peut être autre chose que son intelligence, selon la signification que tous les hommes attri-
buent au mot sagesse. Or « si l'intelligence appartient
à la nature de Dieu, l'intelligence ne pourra être
comme la nôtre, de nature postérieure ou de nature
simultanée aux choses comprises (*Eth.*, I, Th. 17, Scholie); puisque Dieu est antérieur à toutes les choses
comme étant leur cause ; mais la vérité et l'essence for-
melle des choses n'existent telles qu'elles sont que
parce qu'elles existent objectivement telles dans l'intelligence de Dieu. C'est pourquoi l'intelligence de
Dieu, en tant qu'elle est conçue comme constituant
l'essence de Dieu est en réalité la cause des choses et
tant de leur essence que de leur existence : vérité qui
paraît avoir été aperçue par ceux qui ont affirmé que
l'intelligence de Dieu, sa volonté et sa puissance
n'étaient qu'une seule et même chose ».

Lorsque Montesquieu affirme donc que Dieu a fait les
lois du monde « parce qu'elles ont du rapport avec sa
sagesse et sa puissance ». On peut aussi bien comprendre cette pensée au sens orthodoxe que reven-
dique Montesquieu dans sa défense, comme au sens

spinoziste. Le premier sens a pour lui la conception ordinaire et naturelle, mais le second a trop de rapport avec la conception générale que Montesquieu, d'après tout ce que nous venons de dire, se fait du monde et de ses lois pour que malgré les apparences, nous ne soyions pas tentés de nous y arrêter. D'ailleurs écoutons ce que dit Spinoza sur l'origine de toute discussion (*Eth.*, II, Th. 47, Scholie) : « Il est bien certain que la plupart des erreurs consistent en ce que nous appliquons aux choses des dénominations inexactes. En effet, lorsqu'un homme dit que les lignes qui sont menées du centre du cercle à la circonférence ne sont pas égales entre elles, il comprend sûrement à ce moment-là du moins, sous le nom de cercle autre chose que les mathématiciens... C'est de là que naissent la plupart des discussions et cela, soit parce que les hommes n'expriment pas bien ce qu'ils veulent dire, soit parce qu'ils interprètent mal le sentiment d'autrui. Car en réalité, au moment où ils soutiennent avec le plus de force l'un le contraire de l'autre, ou bien ils sont d'accord, ou bien ne parlent pas du même sujet ; de telle sorte que les erreurs ou les absurdités qu'ils croient exister chez leur contradicteur n'existent pas ».

Ainsi Montesquieu ne s'est peut-être jamais plus trouvé d'accord avec Spinoza qu'en écrivant les phrases mêmes par lesquelles il entend montrer qu'il le combat.

Mais après avoir discuté par rapport à Spinoza ces deux premiers points de la métaphysique spéciale à

Montesquieu : la notion de nécessité et de contingence ;
le rôle de Dieu dans la création et dans la conservation
de l'univers, il nous reste à aborder un troisième point
dont la solution dépend immédiatement de la manière
dont on a résolu les deux premiers : je veux parler de
l'idée de justice.

Si en effet, et le censeur des *Nouvelles ecclésiastiques*
l'a bien compris, il n'y a rien que de nécessaire, si
l'essence des choses détermine leur manière d'être ; si
tout acte a une cause efficiente qui a elle-même sa
cause, laquelle n'est qu'un effet et ainsi de suite en
remontant de proche en proche jusqu'à Dieu, que
deviennent les notions du bien et du mal ? que devient
l'idée de justice ? Spinoza répond que le bien est ce
qui s'accorde avec notre nature, le mal ce qui lui est
contraire. Dans cette conception, le bien concorde donc
avec l'utilité : le juste et l'injuste sont des « notions
extrinsèques » (*Eth.*, IV, Th. 37, Scholie 2) résultant de
la vie de société et « dans le statut naturel il n'arrive
rien que l'on puisse dire juste ou injuste ». C'est là une
conséquence logique de la doctrine de Spinoza sur
Dieu et sur l'âme et c'est cette même conséquence que
l'on a reprochée à Montesquieu. Si en effet les lois
n'ont d'autre esprit que de manifester les rapports
essentiels nécessaires à l'existence et à la durée des
choses, et en particulier si elles n'ont au point de vue
social qu'à maintenir les rapports harmoniques des
individus entre eux et des individus avec la société, la

justice qu'elles représentent n'existe qu'en fonction d'un état donné et elle ne vaut que par son utilité à la conserver. La justice n'est donc pas antérieure aux lois positives, comme le veulent les spiritualistes et les théologiens, et elle se confond avec l'utile.

A cette objection fondée, on en conviendra, Montesquieu répond (*Esprit des Lois*, I, 2 et *Défense*, première partie, I, et réponse à la première objection) : « Avant qu'il y eut des êtres intelligents, ils étaient possible : ils avaient donc des rapports possibles et par conséquent des lois possibles. Avant qu'il y eut des lois faites, il y avait des rapports de justice possibles. Dire qu'il n'y a rien de juste ni d'injuste que ce qu'ordonnent ou défendent les lois positives, c'est dire qu'avant qu'on eût tracé le cercle tous les rayons n'étaient pas égaux ».

Cette simple affirmation que rien ne développe et que semble contredire l'esprit même du livre de Montesquieu ne doit pas nous faire illusion.

Que signifie-t-elle d'abord exactement ? Supposons comme Montesquieu une société d'hommes possibles : cette société étant un composé de parties doit subsister par l'accord des parties. Nous avons ainsi l'idée de justice privée ou individuelle qu'exprime la maxime qu'il faut rendre à chacun ce qui lui est dû ; cette maxime n'exprime pas autre chose que la concordance des rapports qui découlent de chaque action d'un particulier, avec les actions du voisin. Le droit privé se fondera donc sur la connaissance des différents cas où se peuvent mettre les particuliers les uns par rapport aux autres. Cette connaissance aide à déterminer ce qu'il convient à chacun de faire ou de ne pas faire pour que les besoins essentiels à l'existence de l'un ou de l'autre soient assurés.

Supposons maintenant un corps social constitué avec tous ses organes ; il y a entre la collectivité et les individus, comme tout à l'heure entre les particuliers, un état d'équilibre stable qui résulte de la satisfaction des besoins essentiels à la nature de la société et à celle des individus : cet état d'équilibre sera la justice et l'acte juste sera celui par lequel on procurera cet état. En dernière analyse, la justice pour Montesquieu sera donc la convenance de l'acte avec les rapports auxquels il doit satisfaire. Il va sans dire que cette convenance peut se concevoir en soi, idéalement pour ainsi dire, comme l'attribut essentiel de l'acte appelé juste. Les rapports de justice sont donc possibles toujours en eux-mêmes, indépendamment de toute réalité et antérieurement à toute vie sociale, puisqu'il s'agit pour les comprendre de concevoir l'idée de convenance qui peut s'appliquer à tous les rapports possibles et non pas uniquement aux seuls rapports sociaux. C'est ainsi qu'en effet l'égalité des rayons est contenue dans l'idée du cercle indépendamment de toute réalité objective de la figure, c'est-à-dire avant qu'on l'ait tracée, car l'égalité des rayons résulte de l'essence même du cercle.

Or c'est précisément sur ce point que nous sommes fondés à trouver et jusque dans sa défense un rapport trop particulier avec le spinozisme pour ne pas le signaler.

Tout d'abord l'exemple du cercle est un exemple affectionné par Spinoza. Il s'en sert (*Eth.*, II, Th. 7) pour démontrer que l'idée des choses est un mode de la pensée de Dieu, tandis que leur forme particulière est un mode de sa substance considérée comme étendue; de même (*Eth.*, II, Th. 8, Coroll.) c'est au moyen des propriétés du cercle qu'il prouve qu'aussi longtemps que les choses particulières n'existent pas sauf en tant qu'elles sont contenues dans les attributs de Dieu, leur être objectif, autrement dit leurs idées n'existent pas non plus, si ce n'est qu'en tant qu'existe l'idée infinie de Dieu. C'est encore au cercle (*Eth.*, II, Th. 47, Scholie), nous l'avons vu plus haut, qu'il a recours pour nous faire comprendre comment les hommes ne s'entendent pas le plus souvent faute d'enfermer sous les mêmes mots les mêmes idées.

Mais il est un de ces exemples dont le sens et la forme sont à retenir en présence de la comparaison de Montesquieu (*Eth.*, II, Th. 7, Scholie). « Un cercle existant dans la nature, dit Spinoza et l'idée de ce cercle existant, qui existe aussi en Dieu, ne sont qu'une seule et même chose, exprimée par des attributs différents ». Notion qu'il précise dans le théorème suivant (*Eth.*, II, Th. 8) : « Les idées de choses particulières — autrement dit des modes — qui n'existent pas, doivent être contenues dans l'idée infinie de Dieu de la même manière que sont contenues dans les attributs de Dieu les essences formelles des choses particulières — autrement dit des modes qui existent en fait ». Or, dans le scholie qui explique ce théorème et son corollaire, Spinoza constatant que le cercle est de sa nature tel que les rectangles sous les segments de toutes les lignes droites qui se coupent à l'intérieur du cercle soient égaux entre eux (et remarquons que c'est aussi la nature du cercle que tous ses rayons soient égaux) en conclut qu'on ne peut pas dire qu'aucun d'eux existe si ce n'est qu'autant que le cercle lui-même existe et que non plus l'idée de l'un quelconque de ces rectangles existe, si ce n'est qu'autant qu'elle est contenue dans l'idée du cercle. Or cette idée dans le système spinoziste est coexistante à Dieu qui contient en lui l'essence de toutes les choses.

. Ainsi donc il faut que Montesquieu veuille dire que l'idée de justice existe dans l'idée de la société qui englobe l'idée de l'homme, comme l'égalité des rayons du cercle n'existe qu'autant qu'elle est contenue dans l'idée du cercle sans qu'il soit besoin ni que la société soit réalisée, ni que le cercle soit tracé.

Ce qui seul peut faire illusion ici, ce sont les mots. En effet, il s'agit d'expliquer comment l'on conçoit cette nature d'idée. Pour les spiritualistes, pour le critique des *Nouvelles ecclésiastiques* l'idée des choses existe bien en Dieu, mais comme manifestation possible de sa volonté et de sa puissance et Dieu a d'abord la connaissance des choses qui se réaliseront ; l'idée de justice dépend de lui seul et c'est lui qui la révèle à notre âme. Pour Spinoza cette même idée est une conséquence des divers attributs qui composent la substance et les choses dont Dieu a l'idée (*Eth.*, II, Th. 6, de Dieu) « résultent et se déduisent de leurs attributs respectifs ». Or Montesquieu a émis un aphorisme sous une forme générale et vague : il n'a point expliqué le sens qu'il donne aux termes qu'il emploie. On peut les prendre dans le sens usuel, comme tout à l'heure les termes de sagesse et de puissance divines, mais on peut aussi leur donner un sens plus spécial qu'autorise la conception particulière qu'il se fait de la loi et des rapports des choses. Cette interprétation est nettement spinoziste et le seul fait qu'elle puisse être possible est une présomption grave du spinozisme de Montesquieu. Si nous ne pouvons pas le déterminer plus clairement, la faute en est aux précautions qu'il prend pour ne pas donner une prise trop facile contre lui, car il sait bien quel sort attend le penseur trop audacieux. Il en résulte que, quand après avoir lu Spinoza, on aborde Montesquieu, on éprouve une sensation mal définie de déjà vu pénible pour l'esprit et qui autorise toutes les suppositions. Nous venons de voir par l'analyse rigou-

reuse des passages les plus saillants du premier livre
et par leur comparaison avec les points principaux de
la métaphysique de Spinoza que ces suppositions
peuvent trouver dans les textes une base assez solide
notamment en ce qui concerne la conception des rapports nécessaires dont le maintien est l'objet de la loi
— pour ce qui touche à la puissance et à la volonté de
Dieu considéré comme créateur et comme conservateur
de l'univers — pour ce qui regarde enfin l'idée de
justice.

Or, ces trois points sont fondamentaux et ils déterminent l'angle sous lequel on envisagera les rapports
sociaux. Partant de ces principes, comment Montesquieu et Spinoza comprennent-ils donc l'organisation
des sociétés humaines ?

Après nous avoir montré le monde physique gouverné par des lois invariables qui maintiennent les
rapports essentiels à la continuité de la création, Montesquieu constate (*Esprit des lois*, 1, 3) que le monde
des intelligences « bien qu'il ait aussi des lois qui,
par leur nature, sont invariables » est loin d'être aussi
bien gouverné que le monde physique et « qu'il ne
suit pas constamment ses lois comme le monde physique suit les siennes ».

Mais que faut-il entendre par le monde des intelligences ? Évidemment celui qui comprend l'homme et
les sociétés qu'il forme. Pour Montesquieu, en effet,
l'homme, dès que l'on sort de l'observation philoso-

phique pour aborder la réalité, ne peut être conçu en dehors de la société. Il repousse de toutes ses forces l'état de nature cher à Hobbes et à Rousseau dans lequel l'homme serait en possession de tous les droits et de toutes les vertus, serait égal à son semblable comme formé de la même essence et également libre. Loin de là, dans cet état, à supposer qu'il ait existé, « chacun se sent inférieur, à peine chacun se sent-il égal » (*Esprit des Lois*, I, 2). Comment en effet, en présence des forces naturelles écrasantes, l'homme n'eût-il pas été pénétré du sentiment de sa propre faiblesse. C'est la société de ses semblables qui lui fait sentir sa force, cette société qui est apparue dans le monde en même temps que la famille, c'est-à-dire en même temps que l'homme lui-même : « Je (*Lettres pers.*, 91). n'ai jamais ouï parler « de droit public qu'on n'ait commencé par rechercher soigneusement quelle est l'origine des sociétés ; ce qui me paraît ridicule. Si les hommes n'en formaient point, s'ils se quittaient et se fuyaient les uns les autres, il faudrait en demander la raison et chercher pourquoi ils se tiennent séparés : mais ils naissent tous liés les uns aux autres ; un fils est né auprès de son père et il s'y tient : voilà la société et la cause de la société ». Et si la famille n'est pas l'origine de la société qui coexisterait ainsi avec l'origine même de l'homme, la nécessité d'assistance mutuelle l'aurait aussitôt fait naître, car l'homme isolé, l'homme à l'état de nature, à supposer qu'un tel homme eut existé, aurait cherché à conserver son être bien plutôt en utilisant les ressources de sa faiblesse qu'en essayant d'imposer par la force sa domination.

Acceptons donc cette idée que le monde intelligent ne se conçoit pas en dehors de la société. Que va-t-il se passer ? (*Esprit des Lois*, I, 3). « Sitôt que les hommes sont en société ils perdent le sentiment de leur faiblesse : l'égalité qui était entre eux cesse et l'état de guerre commence. Chaque société particulière vient à sentir sa force, ce qui produit un état de guerre de nation à nation ; les particuliers, dans chaque société, commencent à sentir leur force, ils cherchent à tourner en leur faveur les principaux avantages de cette société, ce qui fait entre eux un état de guerre. Ces deux sortes d'états de guerre vont établir les lois parmi les hommes », et ailleurs (*Esprit des Lois*, VIII, 3) : « Dans l'état de nature, les hommes naissent bien dans l'égalité, mais ils n'y sauraient rester. La société la leur fait perdre et ils ne redeviennent égaux que par les lois ».

Ces lois, ce sont celles qui, tout comme dans le monde physique, établissent l'équilibre entre les parties dont se compose la société en y maintenant la variété dans l'unité par le maintien d'un rapport constant entre la collectivité et l'individu. La société ne saurait exister sans cela et sans elle l'homme individuel serait détruit. Spinoza nous fait comprendre ce phénomène excellemment : « La nature forme une existence pleine et indépendante, une en soi et enve-

loppant toutefois une diversité infinie. Et il n'y a point
de contradiction. Qu'est-ce, en effet, qui constitue
l'unité d'un être corporel ? Qu'est-ce qui en constitue
la variété ? Considérons les composés les plus simples,
par exemple un minéral. Ce minéral n'existe comme
individu qu'à une condition, c'est qu'il y ait un rapport
constant entre le mouvement et le repos de ses parties » (Cf. Mont. *Esprit des Lois*, 1, 1). « Chaque diversité est uniforme, chaque ~~chaque~~ changement est
constance ». Il en est pour la société comme de tout ce
qui englobe l'existence.

C'est dans ce sens qu'il y a pour la société une loi de
nature constante qui dérive des rapports essentiels
issus de sa définition même.

Si les hommes qui composent la société n'étaient pas
ce qu'ils sont, ces lois seraient naturellement suivies
et jamais l'équilibre résultant de l'essence des choses
ne serait troublé. Mais deux raisons s'opposent à ce
que les sociétés, c'est-à-dire le monde des intelligences,
suive rigoureusement sa loi. La première est que
(*Esprit des Lois*, 1, 3) « les êtres particuliers intelligents sont bornés par leur nature et par conséquent
sujets à l'erreur ». Par là, il faut entendre que les
hommes souffrent d'un « manque de connaissance »,
comme dit Spinoza, provenant d'idées inadéquates
(*Eth. II*, Th. 35), autrement dit partielles et confuses
dont la cause est l'ignorance où ils se trouvent des
causes véritables de leurs états ou de leurs actes. Si

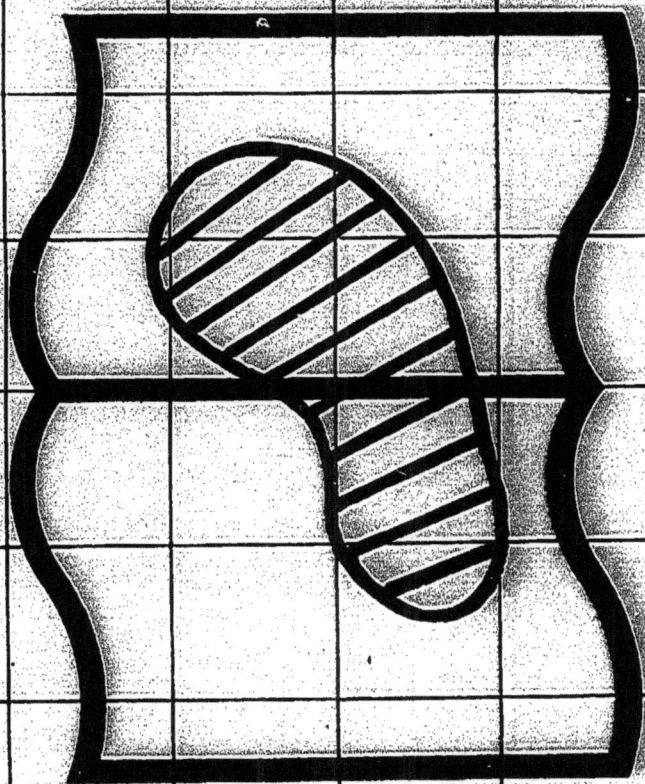

telle n'était pas l'idée de Montesquieu, pourquoi se
serait-il donné tant de mal pour établir dans l'*Esprit
des Lois*, par une analyse méthodique et claire, les
conditions essentielles de la vie sociale, les rapports
qu'il s'agit de maintenir conformément à la nature de
chaque chose, et les moyens d'éviter de « de mettre de
la confusion parmi les principes qui doivent gouverner
les hommes » (*Esprit des Lois*, XXVI, 1). Pourquoi
s'écriera-t-il dans sa préface : « Il n'est pas indifférent
que le peuple soit éclairé. Les préjugés des magistrats
ont commencé par être des préjugés de la nation ».

Mais il y a une autre raison encore, c'est que
l'homme est un être sensible, et comme tel sujet à
« mille passions ». Entre toutes, la principale est l'appétit qui le pousse à toujours développer sa puissance
d'agir pour s'assurer la plénitude de vie compatible
avec ses facultés. De cette constatation sort évidemment la formule fameuse (*Esprit des Lois*, XI, 5): « Tout
homme qui a du pouvoir est porté à en abuser », com-
plétée par cette autre non moins célèbre : « Le pouvoir arrête le pouvoir » (*Esprit des lois*, XI, 4) ; car
l'homme ne fait ici que suivre la loi de nature de toutes
les créatures qui est de persévérer dans leur être et la
psychologie individuelle est ici d'accord avec les lois
générales de la nature.

Comme d'autre part il est de la nature des êtres
intelligents « d'agir par eux-mêmes », « ils ne suivent
pas constamment leurs lois primitives : celles mêmes

qu'ils se donnent, ils ne les suivent pas toujours ».

Il résulte de cela que l'office des lois positives et de l'organisation politique est de ramener les hommes aux lois de leur nature, par la compréhension, sous forme d'idée adéquate, de leurs véritables rapports individuels et sociaux, de manière à ce que ces rapports, étant maintenus dans leur intégrité, les sociétés aussi bien que les individus puissent subsister et se perpétuer.

La science du législateur sera de connaître ces rapports essentiels et toutes les causes secondes qui peuvent en modifier l'aspect; son art sera d'y conformer les lois qu'il élaborera. De même, la science du jurisconsulte sera d'apprécier ces mêmes rapports et ces mêmes causes secondes pour pouvoir comparer à cet état normal et réel, celui qu'établissent les lois positives, et son art sera l'habileté avec laquelle il saura faire cette comparaison. Quant à l'autorité de la loi, elle sera fondée d'une part sur la conformité avec la réalité des rapports qu'elle doit maintenir, et c'est la première condition par laquelle elle s'imposera, mais elle s'appuiera aussi sur la puissance de l'État, c'est-à-dire sur le droit qui lui est dévolu par la nature des choses de maintenir et de faire respecter l'ordre nécessaire pour assurer la durée de la société.

Que nous dit Spinoza? Il suffit de le citer pour être saisi d'une analogie presque complète entre sa pensée et celle de Montesquieu que nous venons d'analyser.

« Tout un chacun, déclare-t-il (*Eth. IV*, Th. 37, Scholie 2), existe en vertu du droit souverain de la nature et conséquemment c'est en vertu de ce droit souverain que chacun accomplit les choses qui résultent de la nécessité de sa nature, et par conséquent c'est en vertu du droit souverain de la nature que tout un chacun juge ce qui lui est bon, ce qui lui est mauvais, et prend les mesures qui lui sont utiles, comme il lui convient, et qu'il se venge, et qu'il s'efforce de conserver ce qu'il aime et de détruire ce qu'il a en haine.

Si les hommes vivaient sous la conduite de la Raison, chacun jouirait de ce droit qui lui est propre, sans causer à autrui aucun dommage. Mais comme les hommes sont sujets aux affections qui surpassent beaucoup la puissance, autrement dit la vertu humaine, pour cette raison il arrive souvent qu'ils sont entraînés en sens contraire et qu'ils sont contraires les uns aux autres ; alors qu'ils ont besoin de l'aide les uns des autres.

Donc, pour que les hommes puissent vivre d'accord et s'aider les uns les autres, *il est nécessaire qu'ils abandonnent de leurs droits naturels* (**1**) *et qu'ils s'assurent les uns aux autres qu'ils ne feront* rien qui puisse tourner au dommage d'autrui. De quelle manière il peut se produire que les hommes qui sont *naturellement sujets*

1. Cf. Mont. *Esprit des Lois*, XXVI. 15.

« *Comme les hommes ont renoncé à leur indépendance naturelle pour vivre sous des lois politiques*, ils ont renoncé à la communauté naturelle des biens pour vivre sous des lois civiles ».

aux passions et inconstants et changeants puissent s'assurer les uns les autres, et avoir confiance les uns dans les autres, cela résulte… de ce fait qu'aucune *affection ne peut être entravée, si ce n'est par une affection plus forte et contraire à l'action à entraver* et que tout un chacun s'abstient de porter dommage par la peur d'un dommage plus grand. Donc, c'est sur cette règle que la société pourra se fonder, pourvu qu'elle reprenne par devers elle le droit que chacun a de se venger et de juger ce qui est bien et ce qui est mal. Par suite, la société devra avoir le droit de prescrire les règles de la vie commune et d'édicter des lois en les appuyant, *non pas sur la Raison* qui ne peut entraver une affection, mais sur la menace. Une telle société établie sur des lois et sur le pouvoir de se conserver elle-même, s'appelle cité, et ceux qui sont défendus par ses lois citoyens ».

Il est impossible de ne pas être frappé de l'analogie qui existe ici entre la pensée de Montesquieu et celle de Spinoza. L'office des lois positives et de l'organisation politique n'a-t-il pas pour objet pour l'un comme pour l'autre de ramener les hommes aux lois de leur nature par la constatation de leurs rapports individuels et sociaux de manière à créer par l'équilibre des passions un État qui permette à chacun de se développer avec sécurité.

On peut toutefois objecter à ce rapprochement qu'il y a tout de même une différence essentielle entre les deux conceptions dont nous nous occupons. L'une, celle de Spinoza, corrige par l'établisssment de la société et des lois politiques l'état de guerre primitif et naturel. Or Montesquieu affime qu'il a en vue d'attaquer le système de Hobbes qui « voulant prouver que les hommes naissent tous en état de guerre et que la première loi naturelle est la guerre de tous contre tous renverse comme Spinoza toute religion et toute morale ». Sans doute Montesquieu ne paraît pas souscrire à cette affirmation de Spinoza que c'est en vertu du droit souverain de la nature que tout un chacun juge ce que lui est bon, ce qui lui est mauvais, et prend les mesures qui lui sont utiles comme il lui convient et qu'il se venge et qu'il s'efforce de conserver ce qu'il aime et de détruire ce qu'il a en haine ». Voilà en effet qui justifie la satisfaction des pires instincts, qui jette les hommes les uns contre les autres, qui le ravale au rang de la bête en ne lui donnant comme lui que son intérêt immédiat.

Mais peut-être Montesquieu est-il ici dupe de lui-même ou cherche-t-il à nous faire illusion.

Admettons un instant, comme Spinoza, que l'état de guerre soit l'état naturel aux hommes, il n'en est pas moins vrai que la société y met bien vite un terme en ramenant par l'autorité de ses lois les individus à la conscience et au respect des intérêts communs. C'est cette conception de l'homme primitif, loup pour son semblable qui ne plaît pas à Montesquieu d'abord parce qu'elle répugne à son sentiment, ensuite parce qu'elle lui paraît fausse : nous l'avons vu, pour lui la société est l'état normal et naturel de l'humanité. Mais il ne paraît pas s'apercevoir qu'il ne fait que déplacer l'époque où s'établit cet état de guerre contre lequel il s'élève si fort. Pour Spinoza, pour Hobbes, c'est l'état naturel de l'homme primitif, pour Montesquieu c'est leur premier contact dans la vie sociale. « Sitôt que les hommes sont en société, ils perdent le sentiment de leur faiblesse ; l'égalité qui était entre eux cesse et l'état de guerre commence ». Dans l'une comme dans l'autre conception il faut toujours en arriver au même résultat à l'établissement de lois positives et d'une autorité publique destinées à rétablir entre tous les hommes la permanence des rapports nécessaires pour assurer la libre existence et la sécurité de chacun, soit en empêchant comme chez Montesquieu, la société formée de se dissoudre dans l'anarchie, soit en aidant, comme chez Spinoza, à sa formation. En somme c'est toujours l'état de guerre, antérieur ou postérieur à la société qui aboutit à la création des lois.

LAVAL. — IMPRIMERIE L. BARNÉOUD ET Cⁱᵉ.

www.ingramcontent.com/pod-product-compliance
Lightning Source LLC
Chambersburg PA
CBHW072054080426
42733CB00010B/2115